코딩 첫걸음 시리즈

자바스크립트의 모든것,
기초

웹 코딩 이야기!

이용학, 황현숙 지음

KB137545

(주)교학사

책의 저자

이용학 · leeyh358@daum.net

약력 |

- 1998년 동국대학교 컴퓨터공학 박사
- 1998~2002 김포대학교 컴퓨터계열 교수
- 2002~2013 백상정보통신 연구소장
- 2013~ 하비 대표

저서 |

- 인문계 코딩 교육을 위한 C 이야기
- 비주얼베이직 데이터베이스 솔루션
- HTML @ 자바스크립트 쉽고 빠르게
- ASP 3.0 프로그래밍

황현숙 · hshwang@tw.ac.kr

약력 |

- 동원대학교 스마트IT콘텐츠과 교수
- 지식경제부 기술혁신 평가단 평가위원
- 조달청 평가위원
- 경기도 광주시 광고물 관리 및 디자인 심의위원
- 경기도 이천시 광고물 관리 및 디자인 심의위원
- 남한산성 청소년 영상제 심사위원장
- 사단법인 한국 브랜드 디자인 학회 이사

저서 |

- 코딩정복 with 파이썬
- 엑셀 2013 시작하기
- 파워포인트 2013 시작하기
- 엑셀과 파워포인트 2007 HowTo

이 책에서는

이 책은 웹 디자이너를 위한 자바스크립트(Javascript) 입문서입니다. 프로그래밍 경험이 전혀 없다는 가정 하에 초보자의 눈높이에 맞춰 자바스크립트 코딩을 설명하고 있습니다.

자바스크립트는 객체를 기반으로 프로그래밍 하는 객체 지향 언어입니다. 그래서 객체를 이해하고 객체를 잘 활용할 줄 아는 것이 중요합니다. 하지만 초보자는 객체 이전에 변수나 상수, 조건문, 반복문, 배열, 함수 등 일반적인 프로그래밍 문법과 규칙을 먼저 익혀야 합니다.

그래서 이 책은 다음과 같이 2개의 파트로 구성하여 프로그래밍 기초와 자바스트립트를 모두 효율적으로 학습할 수 있도록 하였습니다.

1장 – 5장 : 객체의 개념을 쏙 빼고 일반적인 프로그래밍 문법을 설명합니다.

6장 – 8장 : 앞 파트의 지식을 바탕으로 객체를 설명합니다.

점진적으로 개념을 쌓아가면서 학습하여 이해도를 높이는데 초점을 두었습니다. 뿐만 아니라 각 장마다 당장 필요한 프로그래밍 개념과 자바스크립트에 집중 학습할 수 있습니다.

이 책은 "중도 포기는 없다"는 구호 아래 최대한 쉽고 재미있게 '코딩 이야기'를 하였습니다.

프로그래밍을 학습하면서 어느 순간, 쉽게 이해가 가지 않고 코드가 어렵고 복잡해지면서 중도 포기하는 일이 발생합니다. "나는 프로그래밍과 맞지 않아"라는 낙인을 찍어버리는 결과를 초래하게 됩니다. 하지만 남들보다 프로그래밍 과정을 다소 더디게 이해하는 사람도 있습니다. 나중에는 그런 사람이 오히려 더 차분하게 프로그래밍을 하면서 상당한 실력자가 되는 걸 경험한 저자가 "빨리하는 것보다는 꾸준히 하는 것이 중요하다"는 신념으로 모두가 용기를 잃지 않고 학습을 계속할 수 있도록 집필하였습니다.

물론 이 책을 처음부터 끝까지 다 읽었다고 해서 당장 전문 프로그래머가 되는 것은 아닙니다. 하지만 이 책을 읽고 학습하여 다음 단계의 프로그래밍을 할 때나 프로그래밍 현장에 투입되어도 선배들이 작성해놓은 프로그램들이 눈에 들어오기 시작하고 간단한 작업에는 한 발을 들여놓을 수 있을 것입니다. 그리고 어느 정도 시간과 경험이 쌓이면 인터넷과 다른 서적들을 뒤져가며 밤새워 코딩하고 있는 자신을 발견할 수 있을 것입니다.

Contents

Chapter 3 조건문 사용하기

Chapter 4 반복문과 배열 사용하기

Chapter 5 함수 사용하기

Chapter 6 기본적으로 알아야 할 것들

Chapter 7 BOM 사용하기

Chapter 8 DOM 사용하기

Chapter

1

코딩 첫걸음 시리즈

Java
Script

기본적으로 알아야 할 것들

처음 보는 자바스크립트

무작정 예제 파일의 'ja01_1.html' 파일을 더블클릭해서 실행시켜 봅시다.
그러면 브라우저(크롬이나 익스플로러나 상관없으나 여기에서는 익스플로러를 사용합니다.)에 다음과 같이 표시됩니다.

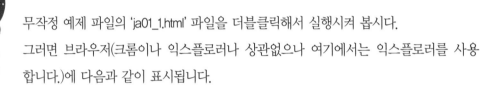

이제 다음과 같이 브라우저에서 마우스 오른쪽 버튼을 클릭하여, 표시되는 메뉴에서 [소스 보기]를 선택합니다. 크롬에서는 [페이지 소스 보기]를 선택합니다.

소스는
소스 코드라고도 하는데
명령문을 의미해요

다음과 같이 더블클릭한 'ja01_1.html' 파일의 소스 코드(source code)가 표시됩니다.

```
▶ ja01_1.html
<!DOCTYPE html>
<html>
<head>
</head>
<body>

<script>
document.write("가자! 자바스크립트 세계로!");
</script>

</body>
</html>
```

빨간색으로 표시된 부분이 자바스크립트 소스 코드입니다.

이번에는 예제 파일에서 'ja01_2.html' 파일을 더블클릭하면 다음과 같이 브라우저에 표시됩니다.

여기서는 글자가 커지고 볼드체로 표시됩니다. 이 'ja01_2.html' 파일의 소스 코드는 다음과 같습니다.

▶ ja01_2.html

```
<!DOCTYPE html>
<html>
<head>
</head>
<body>

<script>
document.write ("<h1>가자! 자바스크립트 세계로!</h1>");
</script>

</body>
</html>
```

앞서 본 2개의 소스 코드를 통해 다음과 같은 내용을 알 수 있습니다.

❶ 자바스크립트 소스 코드는 html 문서 내의 〈script〉 태그와 〈/script〉 태그 사이에 기술한다.

❷ 두 번째 예제의 〈h1〉 태그처럼 자바스크립트 소스 코드 내에 html 태그를 기술할 수 있다.

❸ 화면에 출력을 하려면 'document.write( )'라는 명령문을 사용한다.

참고하세요

자바스크립트는 객체 지향 언어(Object Oriented Language)이므로 객체가 제공하는 메소드(method)로 작업을 지정하고, 프로퍼티(property)로 값을 지정합니다. 앞서 필자가 명령문이라고 한 document.write( )는 사실 document 객체의 write( ) 메소드입니다. 그러나 기본 문법을 배우는 단계에서는 객체에 대한 이해가 어렵기 때문에 객체를 배우기 전까지는 메소드와 프로퍼티를 그냥 명령문(instruction)이나 값(value)이라고 이해하기 바랍니다.

자바스크립트 소스 코드의 기술 위치

앞서 살펴본 두 개의 예제 파일에서 자바스크립트 소스 코드를 〈body〉와 〈/body〉 태그 사이에 기술하였습니다.

그러나 자바스크립트 소스 코드는 다음과 같이 세 개의 위치에 작성할 수 있습니다.

- 〈head〉와 〈/head〉 태그 사이
- 〈body〉와 〈/body〉 태그 사이
- html 문서 외부에 있는 별도의 .js 파일

자바스크립트 소스 코드는 작성 위치에 따라 소스 코드의 의미가 달라지는 것은 아닙니다. 대부분 〈body〉 태그 안에 작성하지만 〈body〉 태그에 작성된 코드보다 더 먼저 실행될 코드가 있으면 〈head〉 태그 안에 작성하고, 작성할 소스 코드의 내용이 많으면 별도의 .js 파일에 작성합니다.

하나씩 예제를 살펴보며 자바스크립트를 알아봅시다.

〈head〉와 〈/head〉 사이에 작성하기

자바스크립트 소스 코드는 html 문서 내에 작성된 순서대로 실행됩니다. 따라서 〈head〉 태그와 〈/head〉 태그 사이에 소스 코드를 작성하고 〈body〉와 〈/body〉 태그 사이에도 소스 코드를 작성하면 〈head〉 태그에 작성된 소스 코드가 실행된 후에 〈body〉 태그에 작성된 소스 코드가 실행됩니다.

다음 소스를 통해 더 자세히 알아봅시다.

▶ ja01_3.html

```
<!DOCTYPE html>
<html>
<head>

<script>
document.write("여기는 head 태그입니다.<br>");
</script>

</head>
<body>

<script>
document.write("여기는 body 태그입니다.");
</script>

</body>
</html>
```

실행 결과

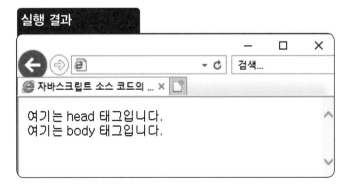

소스 코드에 작성된 순서대로 〈head〉 태그에 작성된 소스 코드가 실행된 후에, 〈body〉 태그에 작성된 소스 코드가 실행되었습니다.

외부 파일에 작성하기

자바스크립트 소스 코드가 작성된 외부의 '.js' 파일을 사용하려면 다음과 같이 html 문서에서 〈script〉 태그의 src 속성에 해당 외부 파일의 이름을 지정합니다.

▶ ja01_4.html

```
<!DOCTYPE html>
<html lang="ko">
<head>
<meta charset="euc-kr">
</head>
<body>

<script src="ex04.js">
</script>

</body>
</html>
```

▶ ex04.js

```
document.write("여기는 외부 파일입니다.<br>");
document.write("소스 코드가 많으면 외부 파일에 기술합니다.<br>");
document.write("외부 파일은 파일명 확장자가 .js 입니다.");
```

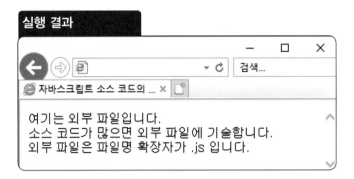

실행 결과

여기는 외부 파일입니다.
소스 코드가 많으면 외부 파일에 기술합니다.
외부 파일은 파일명 확장자가 .js 입니다.

여기에서는 'ja01_4.html' 파일과 'ex04.js' 파일이 동일한 폴더(디렉토리) 내에 있는 것으로 가정하였습니다.

만일 두 개의 파일이 서로 다른 폴더에 있다면 〈script〉 태그의 src 속성에 .js 파일의 이름을 작성할 때 파일의 경로를 함께 작성하면 됩니다.

ex04.js 파일에는 〈script〉 태그 없이 자바스크립트 명령문만 작성하며, 파일 이름 확장자는 반드시 '.js'로 저장해야 합니다.

 참고하세요

지금까지 보았듯이 자바스크립트 프로그램은 html 문서 내에 작성하기 때문에 소스 코드를 작성하는 편집기는 html 문서를 작성할 때 사용하는 편집기를 사용하면 됩니다. 필자는 Notepad++을 사용하고 있습니다.

그렇지!
외부 파일로 작성하면
다른 문서에서 공유하기도
편해!

외부 파일로 기술하면
코드가 길어도 문서가
복잡하지 않아.

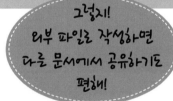

소스 코드를 기술하는 코딩 규칙

자바스크립트 소스 코드를 작성할 때 알아두면 좋은 몇 가지 규칙에 대해서 살펴보겠습니다.

세미콜론(;) 사용하기

소스 코드는 문(statement)으로 구성되며 문의 제일 뒤에는 세미콜론(;)을 붙입니다.
다음의 소스 코드는 3개의 문으로 구성되었습니다.

▶ ja01_5.html

```
<!DOCTYPE html>
<html>
<head>
</head>
<body>

<script>
  document.write("소스 코드는 1개 라인에 1개의 문을 기술한다<br>");
  document.write("문의 제일 뒤에는 세미콜론을 기술한다.<br>");
  document.write("문은 공식적인 용어이며 명령문이라고 불러도 된다.");

</script>
</body>
</html>
```

소스 코드를 구성하는 각 라인이 하나의 문(statement)입니다. 공식적인 명칭은 문이지만 문 대신에 문장, 명령문(instuction) 또는 소스 코드(source code)나 코드(code)라고 부르기도 합니다.

자바스크립트에서는 모든 (명령)문 뒤에 세미콜론을 붙이는 것을 권장합니다. 단, 권장 사항이므로 안 붙여도 상관 없습니다. 하지만 뒤에서 배우는 조건문이나 반복문을 사용하다 보면 세미콜론(;) 덕분에 소스 코드를 더 쉽게 이해할 수 있을 것입니다.

들여쓰기

앞의 'ja01_5.html'에서 〈script〉와 〈/script〉 사이에 기술된 다음의 3개 명령문은 오른쪽으로 4칸을 들여쓰기되어 있습니다.

```
<script>
    document.write("소스 코드는 1개 라인에 1개의 문을 기술한다<br>");
    document.write("문의 제일 뒤에는 세미콜론을 기술한다.<br>");
    document.write("문은 공식적인 용어이며 명령문이라고 불러도 된다.");
</script>
```

들여쓰기(만입)는 반드시 필요한 것은 아닙니다. 들여쓰기는 명령문 간의 종속(포함) 관계를 위해 되도록 사용하는 것이 좋으며 한 번에 4칸씩 들여쓰기를 합니다. 앞의 코드에서는 〈script〉와 〈/script〉 사이에 기술된 명령문들이라는 의미로 4칸을 들여쓰기 하였습니다.

지금까지는 아주 간단한 소스 코드만을 보고 있기 때문에 들여쓰기가 별 의미가 없어 보이지만 나중에 배울 조건문이나 반복문, 함수 등을 사용한 소스 코드를 읽을 때 매우 편리합니다.

한 가지 주의할 것은 들여쓰기를 위해 탭(tab) 키를 사용하는 것은 좋지 않습니다. 왜냐하면 브라우저에 따라 탭 키를 잘못 해석할 수도 있기 때문입니다.

주석과 공백 라인 사용하기

주석과 공백 라인이 어떻게 사용되는지 다음 소스 코드를 통해 살펴봅시다.

▶ ja01_6.html

```html
<!DOCTYPE html>
<html>
<head>
</head>
<body>
<script>
/*
  코드 작성일 : 5월 25일
  코드 작성자 : 이병재
  코드 관리자 : 서혜숙
*/
document.write("소스 코드는 1개 라인에 1개의 문을 기술한다<br>");
/* 첫번째 출력 */
document.write("문의 제일 뒤에는 세미콜론을 기술한다.<br>"); // 두
번째 출력
document.write("문은 공식적인 용어이며 명령문이라고 불러도 된다.");
// 세번째 출력

</script>
</body>
</html>
```

앞페이지의 코드 소스에서 **빨간색**으로 표시된 부분이 주석입니다. 주석은 단순한 메모라고 생각하면 좋습니다. 프로그램의 실행에는 전혀 영향을 주지 않습니다. 프로그램을 작성하면서 소스 코드의 이해에 도움이 되는 메모나 소스 코드를 관리하기 위한 정보를 작성해 놓을 때 주석을 사용합니다.

위의 코드와 같이 /*...*/를 사용해 여러 줄이나 하나의 줄에 메모를 작성할 수 있습니다. 반면에 //는 1개 라인에만 메모를 작성할 수 있습니다. 또한 앞서 코드에서 보듯이 소스 코드 중간에 공백 라인이 있어도 상관없습니다. 앞서 소스 코드에서는 〈script〉와 〈/script〉 태그 사이 그리고 첫 번째 주석 아래에 공백 라인이 있습니다. 공백 라인은 여러 개 있어도 되지만 대부분 소스 코드의 흐름을 구분하기 위해 사용하므로 여러 개의 공백 라인을 사용할 필요는 없습니다.

참고하세요

필자는 앞으로 소스 코드를 설명하기 위해서 '//' 형식의 주석을 자주 사용할 것입니다.

대문자와 소문자 구분하기

소스 코드를 기술할 때 대문자와 소문자를 확실히 구분해야 합니다.

예를 들어, 'document.write()'를 'Document.write()'로 기술해서는 안됩니다.

모든 소스 코드는 소문자로 기술하되 대문자를 사용해야 하는 경우는 그때그때 설명하도록 하겠습니다.

소스 코드 간단히 디버깅하기

자바스크립트 소스 코드는 브라우저가 해석하고 실행합니다. html 태그와 css를 브라우저가 해석하고 실행해서 결과를 화면에 표시하는 것처럼 자바스크립트 명령문도 브라우저가 해석하고 실행해서 결과를 화면에 표시해 줍니다.

소스 코드를 작성하면서 실수로 오타를 입력하거나 문법에 위반되는 코드를 입력하면 대부분의 프로그래밍 언어는 어디에서 어떤 에러(error)가 발생했는지를 알려주는 메시지를 화면에 표시해 줍니다. 하지만 자바스크립트는 에러가 발생하면 아무것도 없는 빈 화면만 표시됩니다.

다음의 소스 코드를 보겠습니다. 이 소스 코드는 빨간색으로 표시한 명령문이 잘못 입력된 부분으로, 'write'가 'writa'로 입력되어 있습니다.

▶ ja01_7.html

```
<!DOCTYPE html>
<html>
<head>
</head>
<body>

<script>

  /*
  코드 작성일 : 5월 25일
  코드 작성자 : 이병재
```

```
코드 관리자 : 서혜숙
*/
document.writa("소스 코드는 1개 라인에 1개의 문을 기술한다<br>");
/* 첫 번째 출력 */
document.write("문의 제일 뒤에는 세미콜론을 기술한다.<br>"); // 두 번째 출력
document.write("문은 공식적인 용어이며 명령문이라고 불러도 된다.");
// 세 번째 출력

</script>

</body>
</html>
```

실행 결과

이렇게 빈 화면이 표시되면 어딘가 에러가 발생한 것입니다. 이런 에러를 흔히 버그 (bug)라고 합니다. 그래서 이러한 버그를 수정하는 작업을 디버깅(debugging)이라고 한다.

여기에서는 간단한 소스 코드로 연습 중이기 때문에 소스 코드를 찬찬히 살펴보면 어디가 잘못되었는지 쉽게 찾을 수 있습니다.

하지만 소스 코드가 길어지고 복잡해지면 한눈에 찾아내는 것이 쉽지 않습니다. 다행히 크롬이나 인터넷 익스플로러에서는 아주 간단한 디버깅 도구를 제공합니다. 에러 때문에 빈 화면이 표시된 상태에서 F12 키를 눌러 개발 툴이 나타나면 [콘솔] 탭을 클릭합니다.

위와 같이 어떤 부분이 잘못 되었는지, 잘못된 위치가 몇 번째 행인지를 친절하게 알려줍니다. 이제 소스 코드로 돌아가 15번 행의 버그를 수정하고 저장한 후에 다시 실행해 봅시다.

인터넷 익스플로러는 물론이고 크롬 및 파이어폭스에서도 이와 같은 간단한 디버깅 기능을 제공하므로 에러가 발생하면 F12 키를 눌러 확인하면 됩니다.

변수와 상수 이야기

자바스크립트 프로그래밍에서 변수(variable)와 상수(constant)의 개념이 매우 중요합니다. 앞에서 보았던 예제들과 같이 단순 텍스트(문자열)를 출력하는 작업 이외에도 '더하기(+)', '빼기(−)', '곱하기(*)', '나누기(/)' 등의 연산도 하고, 숫자나 문자를 비교하기도 하며, 키보드로부터 입력을 받아들이는 등의 작업을 하려면 변수와 상수의 사용 방법을 반드시 알아두어야 합니다.

다음의 변수와 상수를 사용하는 소스 코드를 살펴봅시다.

▶ ja01_8.html

```html
<!DOCTYPE html>
<html>
<body>

<script>

var x, y, z; // 01

x = 100; // 02
y = 90; // 03
z = x + y; // 04

document.write(z); // 05

</script>

</body>
</html>
```

실행 결과

190

🖥 소스 코드 해설

이 소스 코드는 x, y, z 세 개의 변수를 사용하고 있습니다. 또한 100, 90과 같은 상수도 사용하고 있습니다. 일단 다음의 소스 코드 해설을 무작정 읽어봅시다.

01: x, y, z 세 개의 변수를 선언합니다. 변수를 선언할 때는 앞에 'var'라는 선언자를 작성하고 그 뒤에 변수 이름을 작성합니다. 변수는 숫자나 문자를 기억하는 역할을 합니다.

02: 숫자 100을 변수 x에 기억시킵니다(할당합니다). '=' 연산자는 오른쪽의 값을 왼쪽의 변수에 할당하는 역할을 합니다. '=' 연산자가 '같다'는 의미가 아니라는 점을 주의해야 합니다. 나중에 알아보겠지만 '같다'는 '==' 또는 '==='을 사용합니다.

03: 숫자 90을 변수 y에 할당합니다(기억시킵니다).

04: 변수 x와 변수 y의 현재 값을 더한 후 그 결과 값을 변수 z에 할당합니다.

05: 변수 z의 현재 값을 화면에 출력합니다.

01에서 04 라인까지는 아래와 같이 작성해도 됩니다.
변수의 선언과 변수에 값을 할당하는 작업을 하나로 합친 것입니다.

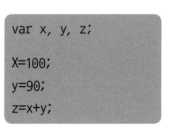

```
var x, y, z;

X=100;
y=90;
z=x+y;
```

→

```
var x = 100;
var y = 90;
var z = x+y;
```

이게 더 간단해요!

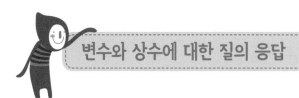

변수와 상수에 대한 질의 응답

 왜 변수를 3개 사용했나요?

 3개가 필요하니까요.

 그럼 3개가 아니라 2개나 5개나 필요한 만큼 맘대로 선언하고 사용해도 되나요?

 못 믿겠으면 다음의 소스 코드를 보세요.

▶ ja01_9.html

```
<!DOCTYPE html>
<html>
<body>

<script>

var x;
var y;

x = 100;
y = 90;

document.write(x+y);

</script>
</body>
</html>
```

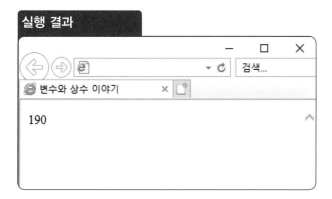

여기서는 변수를 두 개만 선언했고, 변수 x와 y를 var 선언자를 사용해서 따로 선언했습니다. 이전 코드처럼 변수를 선언할 때 하나의 var 선언자 뒤에 콤마로 구분해서 모든 변수들을 선언해도 되지만 이와 같이 별도 라인에 각각 선언해도 됩니다.

변수를 두 개만 사용하고 document.write( ) 문에 직접 계산식 x+y를 작성했습니다. 이전과 달리 변수 z가 필요 없게 됩니다. 이렇게 필요에 따라 변수의 개수는 달라질 수 있습니다.

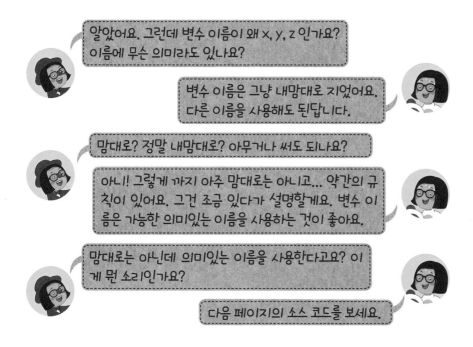

알았어요. 그런데 변수 이름이 왜 x, y, z 인가요? 이름에 무슨 의미라도 있나요?

변수 이름은 그냥 내맘대로 지었어요. 다른 이름을 사용해도 된답니다.

맘대로? 정말 내맘대로? 아무거나 써도 되나요?

아니! 그렇게 까지 아주 맘대로는 아니고... 약간의 규칙이 있어요. 그건 조금 있다가 설명할게요. 변수 이름은 가능한 의미있는 이름을 사용하는 것이 좋아요.

맘대로는 아닌데 의미있는 이름을 사용한다고요? 이게 뭔 소리인가요?

다음 페이지의 소스 코드를 보세요.

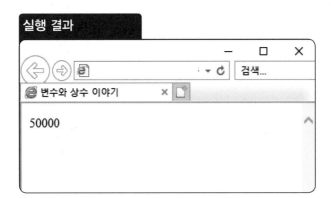

```
▶ ja01_10.html

<!DOCTYPE html>
<html>
<body>
<script>

var price, count, total;

price = 10000;
count = 5;
total = price * count;

document.write(total);

</script>

</body>
</html>
```

실행 결과

50000

여기서는 '가격'이라는 의미로 'price', '개수'라는 의미로 'count', '총계'라는 의미로 'total'과 같은 변수를 사용했습니다. 그냥 x, y, z 보다는 이렇게 의미 있는 이름을 사용하면 소스 코드를 이해하기가 편합니다.

PROGRAMMING

 그런데 변수는 도대체 어디에 있는 것인가요? 그냥 내가 선언 만 하면 만들어진다는데 볼 수가 없잖아요.

 봐야만 믿나요? 컴퓨터 내부의 메모리(주기억장치) 안에 만들 어집니다. 내가 작성한 자바스크립트 프로그램이 실행될 때 메 모리에 만들어졌다가 실행이 끝나면 없어집니다. 그런 작업은 브라우저가 다 알아서 하니까 우린 그냥 선언하고 사용하기만 하면 된답니다.

 그럼 memory나 storage라고 하지 왜 변수(variable)이라고 했을까요?

 메모리에 만들어진다는 의미에서 그런 용어를 사용할 수도 있 겠지요. 하지만 '변수' 즉 'variable'이라고 하는게 더 타당해요. 'variable'은 '변할 수 있는'이라는 의미니까요. 변수는 프로그램 이 실행되는 동안 값이 변할 수 있어요. 변수에 새로운 값을 할 당하면 변수 값이 변해요. 다음의 소스 코드를 봅시다.

▶ ja01_11.html

```
<!DOCTYPE html>
<html>
<body>
<script>

var price, count, total;

price = 10000;
count = 5;

price = 5000;
total = price * count;
```

```
document.write(total);

</script>

</body>
</html>
```

실행 결과

변수와 상수 이야기

25000

price 변수를 보세요. 이 변수에 처음에는 10000을 할당했는데 그 아래에서 다시 5000을 할당했습니다. 하지만 count 변수는 처음 할당한 5를 그대로 기억하고 있습니다.

그래서 price * count는 5000 * 5가 됩니다('*'는 곱셈 연산자). 이렇게 변수는 값이 변할 수 있습니다. 프로그램 상에서 '변하는 수'라는 의미에서 '변수'입니다. 반면에 10000이나 5000과 같은 숫자나 문자는 프로그램이 실행되는 동안 변하지 않고 '항상 같은 수'이므로 '상수'라고 합니다.

변수 이름을 만드는 규칙

변수 이름은 가능한 해당 변수의 용도를 짐작할 수 있는 의미있는 이름을 사용하는 것이 좋으며 다음과 같은 간단한 규칙만 지켜 정하면 됩니다.

- 변수 이름은 문자, 숫자를 사용할 수 있습니다.
- 변수 이름은 반드시 문자로 시작해야 합니다.
- 특수문자는 밑줄('_')과 달러 기호('$')만을 사용할 수 있습니다.
- 특수 문자인 '_'와 '$로 시작할 수도 있으나 좋은 방법은 아닙니다.
- 변수 이름은 대문자와 소문자를 구분하므로 변수 X와 x는 같은 변수가 아닙니다.
- 두 개 이상의 단어로 변수 이름을 구성할 때는 다음과 같이 단어 사이를 밑줄로 연결하거나, 두 번째 단어의 첫 번째 문자를 대문자로 기술하는 것이 좋습니다.

  밑줄 사용 : first_value, second_value, visa_card, new_city
  대문자 사용 : firstValue, secondValue, visarCard, newCity

- 변수 이름으로 자바스크립트에 이미 정의되어 있는 예약어(reserved word)를 사용하면 안됩니다. 예약어는 자바스크립트에서 특별한 문법적인 의미를 가지는 단어들입니다.

예약어(Reserved Word)						
abstract	arguments	boolean	break	byte	case	catch
char	class	const	continue	debugger	default	delete
do	double	enum	eval	export	extends	false
final	finally	float	for	function	goto	if
implements	import	in	instanceof	int	interface	let
long	native	null	package	private	protected	public
return	short	static	super	switch	synchronized	this
throw	throws	transient	true	try	typeof	var
volatile	while	with	yield			

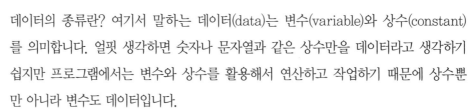

자바스크립트에서 사용하는 데이터 종류

데이터의 종류란? 여기서 말하는 데이터(data)는 변수(variable)와 상수(constant)를 의미합니다. 얼핏 생각하면 숫자나 문자열과 같은 상수만을 데이터라고 생각하기 쉽지만 프로그램에서는 변수와 상수를 활용해서 연산하고 작업하기 때문에 상수뿐만 아니라 변수도 데이터입니다.

그래서 데이터의 종류는 자바스크립트에서 사용할 수 있는 변수와 상수의 종류를 말하며, 데이터 종류를 데이터 타입(type) 또는 데이터 형이라고도 말합니다.

자바스크립트에서 사용하는 데이터 형은 다음과 같습니다.

데이터 형	설명	
숫자(number)	정수나 소수점이 있는 실수 등의 일반 숫자	기본 데이터 형
문자열(string)	따옴표 안에 기술된 한 개나 여러 개의 문자	
논리값(boolean)	참과 거짓을 의미하는 true, false	
undefined	데이터 형이 정의되지 않았음을 표시	
함수(function)	함수로 구성된 데이터 형	
객체(object)	객체로 구성된 데이터 형	

자바스크립트를 익히다 보면 함수와 객체라는 말이 많이 등장합니다. 여기에서 설명할 단계가 아니므로 지금은 그냥 함수와 객체라는 것이 있다고만 알아둡시다.

이제 자바스크립트의 기본 데이터 형인 숫자, 문자열, 논리값과 함께 undefined를 알아봅시다.

그 전에 자바스크립트의 큰 특징의 하나인 '동적(dynamic) 데이터 형'을 살펴보겠습니다.

동적 데이터 형이란?

빈 병에 물을 넣으면 물병이 되고, 우유를 넣으면 우유병이 되고, 기름을 넣으면 기름병이 되듯이 자바스크립트의 변수는 숫자를 할당하면 숫자형이 되고, 문자열을 할당하면 문자열형이 되며, 논리값을 할당하면 논리형이 됩니다. 아무것도 안 넣으면 병은 빈 병이고, 변수는 'undefined'입니다.

무슨 말인지 다음의 소스 코드를 보며 이해해 봅시다. 여기서는 변수나 상수의 데이터 타입(type, 형)을 알려주는 typeof라는 연산자를 사용하였습니다. typeof는 '+', '−'와 같은 기호가 아니지만 연산자입니다.

▶ ja01_12.html

```
<!DOCTYPE html>
<html>
<body>

<script>

var test;

test = 10.5;
document.write(typeof test + "<br>");

test = "school";
document.write(typeof test + "<br>");

test = true;
document.write(typeof test);

</script>

</body>
</html>
```

JAVASCRIPT

실행 결과

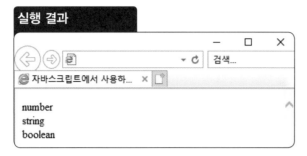

```
number
string
boolean
```

test라는 한 개의 변수인데 숫자를 할당했을 때는 숫자형(number), 문자열을 할당했을 때는 문자열형(string), 논리값을 할당했을 때는 논리형(boolean)이 됩니다. 변수의 형이 동적으로(dynamic) 변하는 것이 자바스크립트 언어의 큰 특징 중의 하나입니다.

대부분의 다른 프로그래밍 언어들은 변수를 선언할 때 그 변수의 형을 지정해야 하며, 변수는 지정된 형에 맞는 값만 기억할 수 있습니다. 그러나 자바스크립트는 변수형이 카멜레온처럼 변합니다. 다시 말하면 자바스크립트 변수는 값이 할당되었을 때 비로소 형이 결정된다는 것입니다. 그래서 undefined라는 형이 존재합니다. 다음은 undefined의 예를 보여주는 소스 코드입니다.

▶ ja01_13.html

```html
<!DOCTYPE html>
<html>
<body>

<script>

var test;
document.write(typeof test + "<br>");
document.write(test);
</script>

</body>
</html>
```

> 값이 할당되지 않으니까 type이 없어요.

test 변수를 선언한 후에 아무 값도 할당하지 않고 그냥 typeof 연산자로 test 변수의 형을 출력했습니다. test 변수의 값을 출력한 결과 모두 'undefined'입니다.

변수에 입력되는 값에 따라 해당 변수 형이 결정되기 때문에 아직 값이 할당되지 않은 test 변수는 'undefined(미정의)'라고 출력되는 것입니다.

참고하세요

자바스크립트에서는 모든 변수를 선언할 때 var 선언자를 사용하면 됩니다. 대부분의 다른 프로그래밍 언어에서는 int, float, double, char 등 여러 종류의 변수 선언자를 사용합니다. 변수를 선언할 때 변수형을 정수형, 실수형, 문자형 등으로 구분해서 선언하며, 이후 변수를 사용할 때 선언된 변수형과 그 변수에 할당된 상수형이 일치해야 합니다.

예를 들어, 정수 값만을 기억하는 변수를 선언하기 위해서는 다음과 같이 선언합니다.

    int num1;

또한 실수를 기억하는 변수는 다음과 같이 선언해야 합니다.

    float num12;

이렇게 선언한 변수형과 이 변수들에 할당되는 값의 형이 일치하지 않으면 에러가 발생하거나 원치 않는 데이터 형 변환이 발생합니다.

다른 언어에 비하면 자바스크립트는 문법이 간결합니다. 자바스크립트는 사실은 (좋은 방법은 아니지만) 변수 선언을 생략해도 되고, 변수를 사용하고 난 후 뒤에서 선언을 해도 됩니다. 문법을 까다롭게 체크하지 않는다는 점이 자바스크립트의 큰 장점 중 하나입니다.

숫자 사용하기

자바스크립트에서 소수점이 없는 정수와 소수점이 있는 실수를 모두 사용할 수 있습니다. 정수는 15자리까지만 정확히 표시됩니다. 정수의 한계를 보기 위해 다음의 소스 코드를 살펴 봅시다.

▶ ja01_14.html

```
<!DOCTYPE html>
<html>
<body>
<script>

var x, y;

x = 999999999999999; // 01
y = 9999999999999999; // 02
document.write(x + "<br>");
document.write(y);

</script>
</body>
</html>
```

실행 결과

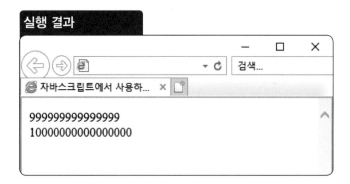

```
999999999999999
10000000000000000
```

01 라인의 정수 15자리까지는 표시되지만 02 라인처럼 그 이상의 값은 올바로 표시되지 않습니다.

소수점이 있는 실수는 일반적으로 연산하면 결과가 정확하게 표시되지 않습니다. 다음의 소스 코드는 일반적인 연산 결과와 그 문제를 해결한 경우를 보여줍니다.

▶ ja01_15.html

```
<!DOCTYPE html>
<html>
<body>
<script>
var x = 0.2 + 0.1; // 01
document.write(x);

document.write("<br>");

var y = (0.2*10 + 0.1*10) / 10; // 02
document.write(y);

</script>
</body>
</html>
```

실행 결과

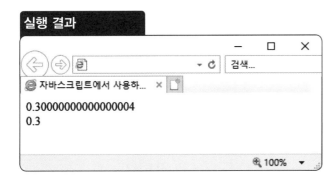

실행 결과에서 보듯이 01 라인처럼 일반적인 방법으로 연산하면 원하는 결과가 표시되지 않습니다. 01 라인의 문제를 해결하려면 02 라인처럼 식을 구성하면 됩니다.

아주 큰 수나 작은 수는 어떻게 표현할 수 있을까요? 다음의 소스 코드를 살펴봅시다.

▶ ja01_16.html

```html
<!DOCTYPE html>
<html>
<body>
<script>

var x = 123e5;

document.write(x);
document.write("<br>");

var y = 123e-5;
document.write(y);

</script>
</body>
</html>
```

실행 결과

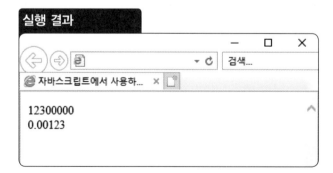

```
12300000
0.00123
```

여기에서 123e5는 $123*10^5$을, 123-e5는 $123*-10^5$을 의미합니다. 이와 같이 지수형을 사용해 아주 큰 수나 작은 수를 표현할 수 있습니다.

참고하세요

자바스크립트는 숫자와 관련된 다양한 기능들을 제공합니다. 예를 들어 10진수를 2진수나 8진수, 16진수로 변환하거나 소수점 이하 몇 자리까지 표시하는 등의 기능을 제공합니다. 이어서 배울 문자열도 마찬가지입니다. 자바스크립트는 문자를 복사하거나 일부를 잘라내거나 특정 문자의 위치를 찾는 등 풍부한 기능을 제공합니다.

그러나 이러한 기능들은 객체의 메소드나 프로퍼티를 사용하므로 객체를 배운 후에 설명할 예정입니다. 필자는 독자들이 프로그래밍 언어를 처음으로 배운다는 가정 하에 이 책을 집필하고 있기 때문에 일반적인 프로그래밍 문법을 익힌 후에 객체를 본격적으로 다룰 것입니다. 그래야 이해하기 쉽습니다.

Infinity와 NaN

Infinity는 연산식에서 0으로 나누거나 연산 과정에서 내부적으로 자바스크립트가 표현할 수 없는 큰 수가 발생했을 때 자바스크립트가 반환하는 숫자 상수입니다. 문자로 구성되어 있지만 자바스크립트에서는 숫자(numger) 형으로 취급하며 문법적으로 하나의 숫자 상수처럼 사용됩니다.

Infinity의 예를 보여주는 다음의 소스 코드를 보겠습니다.

▶ ja01_17.html

```
<!DOCTYPE html>
<html>
<body>
<script>

var x = 2/0; // 01
document.write(x);
document.write("<br>");

var y = -2/0; // 02
document.write(y);
```

```
document.write("<br>");

document.write(typeof Infinity) // 03

</script>
</body>
</html>
```

실행 결과

```
Infinity
-Infinity
number
```

01과 02 라인에서 각각 2와 −2를 0으로 나누었기 때문에 Infinity가 표시되며, 숫자 상수로 취급되므로 −Infinity로도 표시됩니다. 03 라인을 통해 Infinity의 타입은 number임을 알 수 있습니다. 타입이 number이기는 하지만 우리가 Infinity로 연산을 할 일은 없습니다.

단지 문법적으로 숫자 상수를 기술하는 위치에 Infinity를 기술할 수 있으며, 이런 점을 이용해서 문법적인 에러를 점검하는 코드를 작성할 수 있게 됩니다. 숫자가 아닌 값으로 연산을 하면 자바스크립트는 NaN(Not a Number)을 반환합니다. Infinity처럼 NaN도 문법적으로는 숫자 상수입니다. 다음의 소스 코드를 봅시다.

▶ ja01_18.html

```
<!DOCTYPE html>
<html>
<body>
<script>
```

```
var x = 100;
var y = "count";

document.write(x-y); // 01
document.write("<br>");

document.write(typeof NaN); // 02

</script>
</body>
</html>
```

실행 결과

```
                                      —   □   ×
(←)(→) 🌐                        ▾ C   검색...
🌐 자바스크립트에서 사용하...  ×

NaN                                              ⌃
number
```

01 라인에서 숫자 '100'과 문자열 'count'을 뺄셈했기 때문에 NaN이 출력되며 02 라인을 통해 NaN의 타입은 number임을 알 수 있습니다. 즉, 문법적으로 숫자 상수로 취급됩니다.

문자열 사용하기

문자열(string)은 일반 텍스트를 의미하며 자바스크립트에서 문자열은 큰따옴표나 작은따옴표 안에 기술합니다. 또한 '+' 연산자를 사용하면 여러 개의 문자열을 하나의 문자열로 묶을 수 있습니다.

다음의 소스 코드를 보겠습니다.

▶ ja01_19.html

```html
<!DOCTYPE html>
<html>
<body>
<script>
var car1 = "SUV"; // 01
document.write(car1 + "<br>");

var car2 = 'JEEP'; // 02
document.write(car2 + "<br>");

document.write(car1 + " " + car2); // 03
</script>
</body>
</html>
```

실행 결과

01과 02 라인에서 알 수 있듯이 문자열은 큰따옴표나 작은따옴표 안에 기술합니다. 이것은 여러 개의 문자가 아니라 1개의 문자일 때도 마찬가지입니다. 03 라인에서는 문자열들을 '+' 연산자로 연결했으며, " "는 문자열 사이를 띄어쓰기 위해 1개의 공백 문자를 사용한 것입니다.

따옴표 안에 따옴표를 사용해야 하는 경우는 큰따옴표 내에 작은따옴표를 사용하거
나, 작은따옴표 내에 큰따옴표를 사용하면 됩니다.

다음의 소스 코드를 통해 살펴보겠습니다.

▶ ja01_20.html

```
<!DOCTYPE html>
<html>
<body>
<script>

var msg = "His name is 'Steve'";
document.write(msg + "<br>");

var msg = 'His name is "Steve"';
document.write(msg);

</script>
</body>
</html>
```

실행 결과

이스케이프 시퀀스(escape sequence) 사용하기

키보드에서 Tab 키를 누르면 정해진 탭만큼 커서가 오른쪽으로 이동하고 Back space 키를 누르면 커서가 왼쪽으로 한 칸 이동합니다. 그런데 자바스크립트에서 이런 기능들을 사용하려면 어떻게 해야 할까요?

이스케이프 시퀀스라는 제어용 특수문자를 사용하면 됩니다. 이스케이프 시퀀스는 '₩'로 시작하며 다음과 같이 사용할 수 있습니다.

이스케이스 시퀀스	기능
₩'	홑따옴표
₩"	겹따옴표
₩₩	역슬래시
₩n	새 라인
₩r	캐리지 리턴
₩t	탭
₩b	백스페이스
₩f	폼 피드

다음의 소스 코드를 통해 이스케이프 시퀀스의 용도를 알아봅시다.

▶ ja01_21.html

```
<!DOCTYPE html>
<html>
<body>
<script>

var msg = 'His name is 'Steve'';
document.write(msg + "<br>");

var msg = "His name is "Steve"";
document.write(msg);
```

```
</script>
</body>
</html>
```

실행 결과

```
자바스크립트에서 사용하...    검색...
```

이 소스 코드는 'ja01-20.html'과 달리 문자열을 기술하면서 작은따옴표 내에 큰따옴표를 사용했으며, 큰따옴표 내에 큰따옴표를 사용했습니다. 이 때문에 에러가 발생하여 화면에 아무 것도 표시되지 않습니다.

이 문제는 다음의 소스 코드와 같이 이스케이프 시퀀스를 사용하면 해결할 수 있습니다.

▶ ja01_22.html

```
<!DOCTYPE html>
<html>
<body>
<script>

var msg = 'His name is ₩'Steve₩'';
document.write(msg + "<br>");

var msg = "His name is ₩"Steve₩"";
document.write(msg);
```

```
</script>
</body>
</html>
```

실행 결과

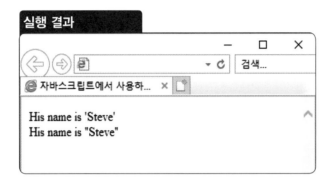

'(작은따옴표)나 "(큰따옴표)는 원래 문자열을 감싸는 기능이 있습니다. 그러나 여기서 사용된 ₩'나 ₩"는 따옴표이기는 하지만 문자열을 감싸는 기능을 벗어나(escape) 단순한 문자열로 취급됩니다. 그래서 ₩'나 ₩"을 사용하면 따옴표를 원하는 위치에 맘대로 표시할 수 있습니다. 공백을 조절하는 일부 이스케이프 시퀀스들은 다음 소스코드와 같이 〈pre〉와 〈/pre〉 태그 내에 자바스크립트 코드를 기술해야 효과가 발생합니다.

▶ ja01_23.html

```
<!DOCTYPE html>
<html>
<body>

<pre>
<script>

var msg = 'His ₩t₩t name is ₩'Steve₩''; //01
document.write(msg + "₩n"); // 02
```

```
</script>
</pre>

</body>
</html>
```

실행 결과

His   name is 'Steve'

01 라인에서는 ₩t를 2번 사용하여 Tab 키를 2번 누른 것과 같은 결과를 출력하였고
02 라인에서는 ₩n을 사용하여 다음 줄로 이동하였습니다.

요점 정리

- 자바스크립트 소스 코드는 html 문서 내의 〈script〉 태그와 〈/script〉 태그 사이에 기술합니다.
- 자바스크립트 소스 코드 내에 html 태그를 기술할 수도 있습니다.
- 화면에 출력을 하려면 document.write( )와 같은 명령문을 사용합니다.
- 자바스크립트 소스 코드는 〈head〉와 〈/head〉 태그 사이, 〈body〉와 〈/body〉 태그 사이 또는 html 문서의 외부에 있는 별도의 .js 파일에 기술할 수 있습니다.

- 외부의 '.js' 파일에 자바스크립트 소스 코드를 기술한 경우는 〈script〉 태그의 src 속성에 해당 파일의 이름을 지정하면 됩니다.

- 소스 코드는 문(statement)으로 구성되며 문의 제일 뒤에는 세미콜론(;)을 붙입니다.

- 소스 코드는 들여쓰지 않아도 되지만 들여쓰기는 대개 4칸씩 들여쓰며, 명령문 간의 종속(포함) 관계를 표시합니다.

- 소스 코드의 이해에 도움이 되는 메모를 기술하거나 소스 코드를 관리하고 보관하기 위한 정보를 기술하기 위해 주석을 사용합니다. /*...*/는 여러 줄이나 한 줄로 메모를 기술할 수 있습니다. 반면에 //는 한 줄로만 메모를 기술할 수 있습니다.

- 소스 코드를 기술할 때 대문자와 소문자를 구분해야 합니다.

- 에러를 흔히 버그(bug)라고 하고 버그를 제거하는 작업을 디버깅(debugging)이라고 합니다. F12 키를 누른 후 [콘솔] 탭을 클릭하면 디버깅 정보를 알 수 있습니다.

- 변수는 숫자나 문자열 등의 값을 기억하는 역할을 하며 필요한 만큼 var로 선언해서 사용합니다.

- 변수는 새로운 값을 할당받으면 이전 값이 없어지고 새로운 값만 남습니다.

- 변수 이름은 가능한 의미있는 이름을 사용하고, 자바스크립트에 정의되어 있는 규칙에 맞춰서 사용해야 합니다.

- 상수는 프로그램이 실행되는 동안 값이 변하지 않는 숫자나 문자열을 의미합니다.

- 자바스크립트는 숫자, 문자열, 논리값, undefined, 함수, 객체 등의 데이터 형을 사용합니다.

- 자바스크립트는 동적(dynamic) 데이터 형을 사용하기 때문에 변수에 할당된 값에 따라 변수의 데이터 형이 설정됩니다.

- 정수는 15자리까지만 표시되며 실수는 지수형을 사용할 수 있습니다.
- 문자열은 큰따옴표나 작은따옴표 내에 기술하며 '+' 연산자를 사용하여 여러 개의 문자열을 하나로 연결할 수 있습니다.
- 이스케이프 시퀀스(escape sequence)는 제어용 특수 문자입니다.

Chapter

2

코딩 첫걸음 시리즈

Java
Script

연산자 사용하기

산술 연산자(Arithmetic Operators)

산술 연산자는 사칙연산을 하는 연산자이며 다음과 같은 연산자가 있습니다.

연산자	기능	사용 예
+	덧셈	x = y + 2
−	뺄셈	x = y − 2
*	곱셈	x = y * 2
/	나눗셈	x = y / 2
%	나머지 연산	x = y % 2
++	1 증가	x = ++y (또는) x = y++
−−	1 감소	x = −−y (또는) x = y−−

먼저 덧셈부터 나머지 연산까지 5개의 연산자를 사용하는 소스 코드를 보겠습니다.

▶ ja02_1.html

```
<!DOCTYPE html>
<html>
<body>
<script>

var num1 = 7; // 01
var num2 = 3;
var res; // 02

res = num1 + num2; // 03
document.write("num1 + num2 = ");
```

```
document.write(res);

res = num1 - num2; // 04
document.write("<br>num1 - num2 = ");
document.write(res);

res = num1 * num2; // 05
document.write("<br>num1 * num2 = ");
document.write(res);

res = num1 / num2; // 06
document.write("<br>num1 / num2 = ");
document.write(res);

res = num1 % num2; // 07
document.write("<br>num1 % num2 = ");
document.write(res);

</script>
</body>
</html>
```

실행 결과

```
num1 + num2 = 10
num1 - num2 = 4
num1 * num2 = 21
num1 / num2 = 2.3333333333333335
num1 % num2 = 1
```

%는 나눗셈의 나머지를 구해요!

📟 소스 코드 해설

01-02: 3개의 변수를 선언했습니다. num1과 num2 변수는 변수를 선언하면서 초기 값도 할당하고 있습니다. 변수는 가능한 이런 식으로 코드의 선두에 선언을 하고 사용하는 것이 코드의 가독성을 높이고 이해하는데 도움이 됩니다.

03-06: num1과 num2 변수의 값으로 덧셈, 뺄셈, 곱셈, 나눗셈을 하고 그 결과를 res 변수에 할당한 후 res 변수 값을 출력합니다.

07: num1을 num2로 나눈 후 몫이 아니라 나머지를 res 변수에 할당하고 출력합니다.

이번에는 1 증가와 1 감소 연산자의 사용법을 보여주는 다음의 소스 코드를 보겠습니다.

▶ ja02_2.html

```
<!DOCTYPE html>
<html>
<body>
<script>

var num1 = 7;
var num2 = 3;

document.write("원래의 num1 = ");
document.write(num1);

++num1; // num1 = num1 + 1과 동일
document.write("<br>첫번째 ++num1 = ");
document.write(num1);

++num1; // num1 = num1 + 1과 동일
document.write("<br>두번째++num1 = ");
document.write(num1);

document.write("<br><br>원래의 num2 = ");
document.write(num2);
```

```
--num2; // num1 = num1 - 1과 동일
document.write("<br>첫번째 --num2 = ");
document.write(num2);

--num2; // num1 = num1 - 1과 동일
document.write("<br>두번째 --num2 = ");
document.write(num2);

</script>
</body>
</html>
```

실행 결과

```
─ □ ×
⊖ ⊕ 🌐                      ▾ ⟳  검색...
🌐 산술 연산자        × 🗋

원래의 num1 = 7
첫번째 ++num1 = 8
두번째++num1 = 9

원래의 num2 = 3
첫번째 --num2 = 2
두번째 --num2 = 1
```

🖥 소스 코드 해설

출력 결과와 코드에 있는 주석을 보면 이해가 갈 것입니다. ++ 연산자는 변수의 현재 값을 1 증가시키고, -- 연산자는 변수의 현재 값을 1 감소시킵니다. 변수에 대한 개념을 다지기 위해 다음의 식이 실행되는 과정을 하나씩 살펴보겠습니다.

    num1 = num1 + 1;

❶ = 연산자 오른쪽이 먼저 계산됩니다. 그래서 제일 먼저 num1 변수의 현재 값을 가져옵니다. num1 변수의 현재 값이 7이라고 가정합시다.

❷ num1 변수의 현재 값인 7과 숫자 1을 더합니다. 그러면 결과 값은 8이 됩니다.

❸ 그 결과 값 8을 num1 변수에 할당(=)합니다.

❹ 이제 num1 변수의 값이 8로 바뀌었습니다.

참고하세요

만일 위의 연산식이 한 번 더 실행되며 어찌될까요?

❶부터 ❹까지 다시 반복되는데 이번에는 num1 변수의 값이 7이 아니라 8인 상태에서 반복되어 num1 변수의 값은 9가 됩니다. 다시 한 번 더 실행되면 변수의 값은 10이 될 것입니다.

이 연산식은 실행될 때마다 num1 변수의 값을 1씩 증가시키는 식입니다.

할당 연산자(Assignment Operators)

다음 표를 통해 각 할당 연산자의 의미를 알아봅시다.

연산자	사용 예	동일 식
=	x = y	x = y
+=	x += y	x = x + y
−=	x −= y	x = x − y
*=	x *= y	x = x * y
/=	x /= y	x = x / y
%=	x %/ y	x = x % y

'사용 예'에 있는 축약 형식이 '동일 식'에 있는 일반 형식보다 연산 속도가 빠르지만 웬만한 연산에서는 차이가 느껴지지 않습니다. 자신에게 편한 형식을 사용하면 됩니다. 축약 형식의 할당 연산자를 어떻게 사용하는지 다음의 소스 코드를 통해 살펴보겠습니다.

▶ ja02_3.html

```
<!DOCTYPE html>
<html>
<body>
<script>

var num1;
var num2;

num1 = 7;
```

```javascript
num2 = 3;
num1 += num2; // num1 = num1 + um2와 동일
document.write("num1 += num2 = ");
document.write(num1);

num1 = 7;
num2 = 3;
num1 -= num2; // num1 =  num1 - num2와 동일
document.write("<br>num1 -= num2 = ");
document.write(num1);

num1 = 7;
num2 = 3;
num1 *= num2; // num1 =  num1 *  num2와 동일
document.write("<br>num1 *= num2 = ");
document.write(num1);

num1 = 7;
num2 = 3;
num1 /= num2; // num1 = num1 / num2와 동일
document.write("<br>num1 /= num2 = ");
document.write(num1);

num1 = 7;
num2 = 3;
num1 %= num2; // num1 = num1 % num2와 동일
document.write("<br>num1 %= num2 = ");
document.write(num1);

</script>
</body>
</html>
```

실행 결과

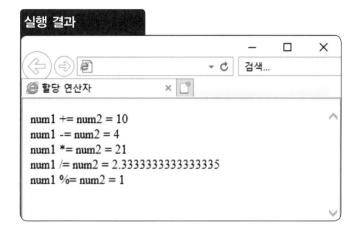

```
num1 += num2 = 10
num1 -= num2 = 4
num1 *= num2 = 21
num1 /= num2 = 2.3333333333333335
num1 %= num2 = 1
```

📟 소스 코드 해설

이 소스 코드 역시 출력 결과와 코드에 있는 주석을 보면 이해가 갈 것입니다. 변수의 개념을 한 번 더 다지기 위해 다음의 식이 실행되는 과정을 하나씩 살펴보겠습니다.

```
num1 = num1 + num2;
```

❶ = 연산자 오른쪽이 먼저 계산됩니다. 그래서 제일 먼저 num1 변수의 현재 값을 가져옵니다.

❷ num2 변수의 현재 값을 가져옵니다.

❸ num1과 num2 변수의 값을 더해서 결과 값을 구합니다.

❹ 그 결과 값을 num1 변수에 할당합니다. 이제 num1 변수의 현재 값이 바뀌었습니다. 이 명령문이 실행될 때마다 num2 변수의 값만큼 num1 변수의 값이 증가합니다.

비교 연산자(Comparison Operators)

비교 연산자는 2개의 값을 비교하여 참(true)과 거짓(false)의 논리값을 반환합니다. 이 연산자는 나중에 조건문에서 주로 사용됩니다. 비교 연산자는 다음과 같은 것이 있습니다.

연산자	기능	사용 예
==	같다	x == 5
!=	같지 않다	x != 5
〉	크다	x 〉 5
〈	작다	x 〈 5
〉=	크거나 같다	x 〉= 5
〈=	작거나 같다	x 〈= 5
===	값과 데이터 형이 모두 같다	x === "5"
!==	값이나 데이터 형이 같지 않다	x !== "5"

비교 연산자를 사용하는 다음의 소스 코드를 봅시다.

▶ ja02_4.html

```
<!DOCTYPE html>
<html>
<body>
<script>

var num1 = 7;
var num2 = 3;
```

```
var res;

res = (num1 == num2); // 01
document.write("num1 == num2 : ");
document.write(res);

res = (num1 != num2); // 02
document.write("<br>num1 != num2 : ");
document.write(res);

res = (num1 > num2); // 03
document.write("<br>num1 > num2 : ");
document.write(res);

res = (num1 >= num2); // 04
document.write("<br>num1 >= num2 : ");
document.write(res);

res = (num1 < num2); // 05
document.write("<br>num1 < num2 : ");
document.write(res);

res = (num1 <= num2); // 06
document.write("<br>num1 <= num2 : ");
document.write(res);

res = (num1 === "7"); // 07
document.write('<br>num1 === "7" : ');
document.write(res);

res = (num1 !== "7"); // 08
document.write('<br>num1 !== "7" : ');
document.write(res);

</script>
</body>
</html>
```

말풍선: true는 "참"
false는 "거짓"

실행 결과

비교 연산자

```
num1 == num2 : false
num1 != num2 : true
num1 > num2 : true
num1 >= num2 : true
num1 < num2 : false
num1 <= num2 : false
num1 === "7" : false
num1 !== "7" : true
```

📀 소스 코드 해설

실행 결과를 보면 'true'나 'false'가 출력되었습니다. 비교 연산자는 이와 같이 2개 값을 비교한 후 참이면 'true'를, 거짓이면 'false'를 반환합니다. 'true'나 'false'는 우리가 보기에는 문자열이지만 자바스크립트 언어에서는 (논리)상수입니다. 그래서 res 변수에 하나의 값으로 저장되고 출력되는 것입니다.

07 라인에 주목해 봅시다. '=='와 마찬가지로 '==='도 'num1'이 '7'과 같은가를 비교하는데, 값만 비교하는 것이 아니라 데이터 형까지 비교합니다. 그러므로 값과 데이터 형이 모두 같아야 true를 반환합니다.

num1 변수의 값은 7이며 num1 변수의 데이터 형은 number입니다. 하지만 07 라인에서 num1 변수를 '7'과 비교하고 있습니다. 여기서 7을 큰따옴표 안에 기술하였으므로 데이터 형은 string입니다. 그 결과는 false가 출력되었습니다.

08 라인에서 '!=='은 값이나 데이터 형 중 하나라도 같지 않으면 true가 출력됩니다.

참고하세요

일상 생활에서는 참 값인 true나 거짓 값인 false를 사용할 일이 거의 없습니다. 그래서 이런 값들이 실감이 나지 않을 것입니다. true나 false는 단순한 글자인데 '그게 어째서 값이냐'고 따지고 싶을 것입니다. 자바스크립트는 사람이 만든 (프로그래밍) 언어입니다. 그 내용은 거의 전부가 규칙이고 문법입니다. 또한 자바스크립트는 필요에 의해 만들어진 약속과 정의의 집합체입니다. 그러므로 이와 같은 프로그래밍 언어를 처음 배울 때는 'A는 B이다'와 같은 규칙이나 정의를 그대로 의심없이 받아들이는 것이 편합니다.

논리 연산자(Logical Operators)

논리 연산자는 2개의 조건을 비교하여 true나 false를 결과 값으로 산출하며 다음과 같이 3개의 연산자가 있습니다.

연산자	기능	사용 예
&&	논리곱(and 연산. 둘 다 true이어야 결과가 true)	(x < 10) && (y > 5)
||	논리합(or 연산. 둘 중 하나라도 true이면 결과가 true)	(x == 5) || (y == 10)
!	부정(not 연산. true이면 false, false이면 true)	!(x == y)

▶ ja02_5.html

```
<!DOCTYPE html>
<html>
<body>
<script>

var num1 = 7;
var num2 = 3;
var res;

res = (num1 < 10) &&(num2 < 10); // 01
document.write("num1 < 10 && num2 < 10 : ");
document.write(res);

res = (num1 > 10) && (num2 < 10); // 02
document.write("<br>num1 > 10 && num2 < 10 : ");
document.write(res);
```

```
res = (num1 > 10) || (num2 > 10); // 03
document.write("<br>num1 > 10 || num2 > 10 : ");
document.write(res);

res = (num1 > 10) || (num2 < 10); // 04
document.write("<br>num1 > 10 || num2 < 10 : ");
document.write(res);

res = !(num1==num2); // 05
document.write("<br>!(num1 == num2) : ");
document.write(res);

</script>
</body>
</html>
```

실행 결과

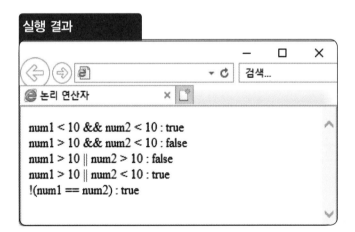

📟 소스 코드 해설

소스 코드에서 보듯이 논리 연산자는 비교 연산의 결과를 데이터로 사용합니다.

01: 2개의 비교 결과가 모두 true이므로 true (and) true가 되어 true를 출력합니다.

02: false (and) true이므로 false를 출력합니다.

03: false (or) false이므로 false를 출력합니다.

04: false (or) true이므로 true를 출력합니다.

05: not false이므로 결과가 true입니다. 이 식에서는 괄호 안에 비교 연산식을 기술했기 때문에 (num1==num2)가 먼저 실행되어 false가 산출되고 그 false에 대해 !(NOT)이 적용되어 true라는 결과가 출력됩니다. 만일 이 식에서 괄호를 사용하지 않고 !num1==num2와 같이 기술하면 !num1이 실행된 후 그 결과에 대해 num2와의 == 연산이 실행되어 의미가 달라집니다.

이런 연산의 우선 순위에 대해서는 잠시 후 알아보겠습니다.

비트 연산자(Bitwise Operators)

비트 연산자는 2진수(binary digit)로 즉, 비트(bit) 단위로 and, or, not, shift 등의 논리 연산을 하며 종류는 다음과 같습니다.

연산자	기능	사용 예
&	논리곱(and 연산. 둘 다 1이어야 결과가 1)	x = 5 & 1
|	논리합(or 연산. 둘 중 하나만 1이면 결과가 1)	x = 5 | 1
~	부정(not 연산. 1이면 0, 0이면 1)	x = ~ 5
^	배타적 합(exclusive or 연산. 2개 비트가 다를 때만 1)	x = 5 ^ 1
《	왼쪽 쉬프트(left shift 연산. 2를 곱한 값)	x = 5 《 1
》	오른쪽 쉬프트(right shift 연산. 2로 나눈 값)	x = 5 》 1

▶ ja02_6.html

```
<!DOCTYPE html>
<html>
<body>
<script>

var num1 = 7;
var num2 = 3;
var res;

res = (num1 & num2); // 01
document.write("num1 & num2 : ");
document.write(res);

res = (num1 | num2); // 02
```

```
document.write("<br>num1 | num2 : ");
document.write(res);

res = ~num1; // 03
document.write("<br> ~num1 : ");
document.write(res);

res = (num1 ^ num2); // 04
document.write("<br>!(num1 ^ num2) : ");
document.write(res);

res = (num1 << 1); // 05
document.write("<br> num1 << 1 : ");
document.write(res);

res = (num1 >> 1); // 06
document.write("<br>num1 >> 1 : ");
document.write(res);

</script>
</body>
</html>
```

실행 결과

```
num1 & num2 : 3
num1 | num2 : 7
~num1 : -8
!(num1 ^ num2) : 4
num1 << 1 : 14
num1 >> 1 : 3
```

🖥 소스 코드 해설

변수 num1의 값인 7은 2진수로 0111이며 변수 num2의 값인 3은 2진수로 0011입니다.

01: 대응하는 위치의 2개 비트가 모두 1일 때만 결과가 1이 되므로 0111 & 0011 = 0011이고 10진수로는 3입니다.

02: 대응하는 위치의 2개 비트 중 한 개 비트만 1이면 결과가 1이 되므로 0111 | 0011 = 0111이고 10진수로는 7입니다.

03: 1은 0, 0은 1이 되므로 0111은 1000이 되며, 부호 비트가 1로 음수이므로 10진수로는 −8이 됩니다(실제로는 컴퓨터 내부적으로 32개 비트의 2의 보수로 표현되는데 2진수나 보수에 대한 사전 지식이 없으면 그냥 지나가기로 합시다. 학습 순서 상 중요하지 않습니다).

04: 대응하는 위치의 2개 비트가 서로 다를 때만 결과가 1이 되므로 0111 & 0011 = 0100이고 10진수로는 4입니다.

05: 변수 num1의 2진수 값 0111을 왼쪽으로 1개 비트 쉬프트(이동)하면 1110이고(왼쪽으로 한 비트씩 이동한 후 제일 오른쪽의 빈자리는 0으로 채워집니다) 10진수로는 14입니다.

06: 변수 num1의 2진수 값 0111을 오른쪽으로 1개 비트 쉬프트(이동)하면 0011이고 (원래 제일 오른쪽에 있던 마지막 비트는 없어집니다) 10진수로는 3입니다.

3항 연산자(Ternary Operator)

3항 연산자는 하나의 조건을 판별해서 true일 경우와 false일 경우 각기 다른 작업을 실행하며 이 연산자는 다음과 같은 형식으로 사용됩니다.

(조건식) ? true일 때 할 연산 : false일 때 할 연산

3항 연산자를 사용하는 다음의 소스 코드를 보겠습니다.

▶ ja02_7.html

```
<!DOCTYPE html>
<html>
<body>
<script>

var num1 = 7;
var num2 = 3;
var op;
var res;

op = "+"; // 01
res = (op == "+") ? num1+num2 : num1-num2; // 02
document.write("res = ");
document.write(res);

op = "-"; // 03
res = (op == "+") ? num1+num2 : num1-num2; // 04
document.write("<br>res = ");
```

```
document.write(res);

</script>
</body>
</html>
```

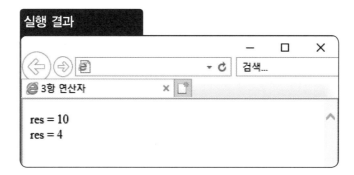

실행 결과

res = 10
res = 4

🖥 소스 코드 해설

01: 변수 op에 '+' 기호(문자열)를 할당했습니다.

02: 변수 op의 값이 '+'이면 ? 뒤의 첫번째 식인 num1+num2가 실행되고, 아니면 두 번째 식인 num1-num2가 실행됩니다. 여기서는 첫 번째 식인 덧셈이 실행되고 그 결과가 res 변수에 할당됩니다.

03: 변수 op에 '-' 기호(문자열)를 할당했습니다.

04: 변수 op의 값이 '+'이면 ? 뒤의 첫 번째 식인 num1+num2가 실행되고, 아니면 두 번째 식인 num1-num2가 실행됩니다. 여기서는 두 번째 식인 뺄셈이 실행되고 그 결과가 res 변수에 할당됩니다.

문자열 연산자(String Operators)

문자열 연산자는 2개의 문자열을 하나로 연결하는 작업을 하며 '+'와 '+='가 있습니다. 문자열 연산자를 자바스크립트에서 어떻게 사용하는지 다음의 소스 코드를 보겠습니다.

▶ ja02_8.html

```
<!DOCTYPE html>
<html>
<body>
<script>

var text1 = "Good  "; // 01
var text2 = "Morning";
var text3;

text3 = text1 + text2; // 02
document.write("text3 = ");
document.write(text3);

text1 += text2; // 03
document.write("<br>text1 = ");
document.write(text1);

</script>
</body>
</html>
```

문자열 연산자(String Operators) **071**

문자열끼리 더하면
문자열이 연결돼요!

실행 결과

문자열 연산자

text3 = Good Morning
text1 = Good Morning

🖳 소스 코드 해설

01: 'Good' 뒤에 공백이 하나 있습니다. 이는 뒤에 연결될 문자열과의 사이에 빈 칸을 두기 위한 것입니다.

02: 2개의 문자열을 '+' 연산자로 연결하여 text3 변수에 할당한 후 text3 변수의 값을 출력합니다.

03: 이 연산식은 text1 = text1 + text2의 의미이므로, text1과 text2의 문자열을 연결한 후, 그 결과를 text1 변수에 할당합니다.

연산의 우선 순위(Operator Precedence)

하나의 식에서 여러 개의 연산자를 혼합해서 사용하는 경우 연산자의 실행 순서에 따라 다른 결과가 나올 수 있습니다. 다음 소스 코드를 통해 확인해 봅시다.

▶ ja02_9.html

```
<!DOCTYPE html>
<html>
<body>
<script>
var num;

num = 10 + 5 * 2; // 01
document.write("num = ");
document.write(num);

num = (10 + 5) * 2; // 02
document.write("<br>num = ");
document.write(num);

</script>
</body>
</html>
```

실행 결과

```
연산의 우선 순위          ×

num = 20
num = 30
```

📟 소스 코드 해설

01: * 연산자가 + 연산자보다 연산의 우선 순위가 높아 5 * 2가 실행된 후 그 결과
   와 10이 더해집니다. 그래서 결과는 20이 됩니다.

02: 괄호는 * 연산자 보다 우선 순위가 높습니다. 그래서 괄호 안의 10 + 5가 먼저
   계산되고 그 결과에 2가 곱해져서 결과는 30이 됩니다.

복잡한 식에서 연산의 우선 순위로 인해 원하는 결과가 나오지 않는 오류를 방지하
려면 괄호( )를 적극적으로 사용해서 연산의 우선 순위를 확실하게 표시하는 것이 좋
습니다. 연산자들의 전체적인 우선 순위는 다음과 같습니다.

우선순위	연산자
1	()
2	!, ++, −(부호), −−
3	*, /, %
4	+, −
5	〉〉, 〈〈
6	〈, 〉, 〈=, 〉=
7	==, !=, +++, !==
8	&
9		
10	^
11	&&
12			
13	? :
14	=, +=, −=, *=, /=, %=, 〈〈=, 〉〉=, &=, ^=, |=
15	콤마(,)

모든 연산은 왼쪽에서 오른쪽으로 진행되며 괄호가 제일 먼저 실행돼요!

요점 정리

■ 산술 연산자는 사칙연산을 합니다.

연산자	기능	사용 예
+	덧셈	x = y + 2
−	뺄셈	x = y − 2
*	곱셈	x = y * 2
/	나눗셈	x = y / 2
%	나머지 연산	x = y % 2
++	1 증가	x = ++y (또는) x = y++
−−	1 감소	x = −−y (또는) x = y−−

■ 할당 연산자는 변수에 값을 할당합니다.

연산자	사용 예	동일 식
=	x = y	x = y
+=	x += y	x = x + y
−=	x −= y	x = x − y
*=	x *= y	x = x * y
/=	x /= y	x = x / y
%=	x %/ y	x = x % y

■ 비교 연산자는 2개의 값을 비교하여 참(true)과 거짓(false)의 논리값을 반환합니다.

연산자	기능	사용 예
==	같다	x == 5
!=	같지 않다	x != 5
〉	크다	x 〉5
〈	작다	x 〈 5
〉=	크거나 같다	x 〉= 5

<=	작거나 같다	x <= 5
===	값과 데이터 형이 모두 같다	x === "5"
!==	값이나 데이터 형이 같지 않다	x !== "5"

■ 논리 연산자는 2개의 조건을 비교하여 true나 false를 반환합니다.

연산자	기능	사용 예
&&	논리곱(and 연산이다. 둘 다 true이어야 결과가 true)	(x < 10) && (y > 5)
||	논리합(or 연산이다. 둘 중 하나만 true이면 결과가 true)	(x == 5) || (y == 10)
!	부정(not 연산이다. true이면 false, false이면 true)	!(x == y)

■ 비트 연산자는 2진수로 즉, 비트 단위로 and, or, not, shift 등의 논리 연산을 합니다.

연산자	기능	사용 예
&	논리곱(and 연산. 둘 다 1이어야 결과가 1)	x = 5 & 1
|	논리합(or 연산. 둘 중 하나만 1이면 결과가 1)	x = 5 | 1
~	부정(not 연산. 1이면 0, 0이면 1)	x = ~ 5
^	배타적 합(exclusive or 연산. 2개 비트가 다를 때만 1)	x = 5 ^ 1
<<	왼쪽 쉬프트(left shift 연산. 2를 곱한 값)	x = 5 << 1
>>	오른쪽 쉬프트(right shift 연산. 2로 나눈 값)	x = 5 >> 1

- 3항 연산자는 하나의 조건을 판별해서 true일 경우와 false일 경우 각기 다른 작업을 실행합니다.

  (조건식) ? true일 때 할 연산 : false일 때 할 연산

- 문자열 연산자는 2개의 문자열을 하나로 연결하는 작업을 하며 '+'와 '+='가 있습니다.

- 하나의 식에서 여러 연산자를 혼합해서 사용하는 경우 정해진 연산자 우선 순위에 따라 실행됩니다. 원하는 연산 결과를 얻기 위해 괄호를 적극적으로 사용하는 것이 좋습니다.

Chapter

3

코딩 첫걸음 시리즈

JavaScript

조건문 사용하기

- 단순 if 문 사용하기
- if ... else 문 사용하기
- if ... else if 문 사용하기
- switch 문 사용하기

단순 if 문 사용하기

단순 if 문은 조건에 따라 결과가 '참(true)'일 때 특정 명령을 실행하기 위해 사용합니다.

단순 if 문의 사용 형식은 다음과 같습니다.

```
if (조건식) {
    조건식이 '참'일 때 실행될 문장들;
}
```

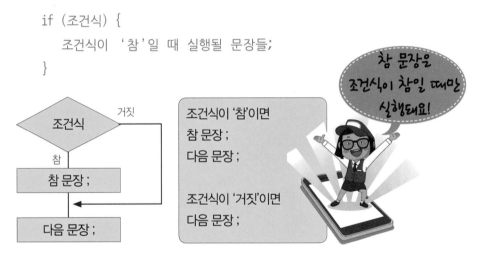

단순 if 문을 사용하는 다음의 소스 코드를 보겠습니다. 이 프로그램은 사용자가 90점 이상의 값을 입력하면 1개의 메시지와 점수를 출력하고, 90점 미만의 값을 입력하면 점수만 출력됩니다.

▶ ja03_1.html

```
<!DOCTYPE html>
<html>
<body>
```

```
<script>

var jumsu; // 01

jumsu = prompt("점수를 입력하세요!"); // 02

if (jumsu >= 90) // 03
    document.write("A 학점입니다.<br>"); // 04

document.write("점수 : " + jumsu); // 05

</script>
</body>
</html>
```

실행 결과

프로그램을 실행시키면 다음과 같이 값을 입력할 수 있는 입력상자가 표시됩니다.

입력상자에 90 이상의 값을 입력하고 엔터 키를 누르거나 [확인]을 클릭하면 아래와 같이 결과가 표시됩니다.

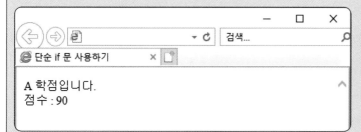

1개의 메시지와 점수가 출력되었습니다.

그러나 입력상자에서 90 미만의 값을 입력하고 엔터 키를 누르거나 [확인]을 클릭하면 아래와 같이 표시됩니다.

```
Explorer 사용자 프롬프트                                        ×

스크립트 프롬프트:                                         확인
점수를 입력하세요!
                                                          취소

79
```

```
                                              ─   □

←  →  🅔                        ▾ ♲   검색...

🅔 단순 if 문 사용하기            ×  ▯

점수 : 79


```

입력상자에서 79를 입력했더니 점수만 출력되었습니다.

🖳 소스 코드 해설

01: 점수를 기억하는 변수라는 의미에서 jumsu라는 변수를 선언했습니다. 이 라인을 삭제하고 02 라인을 아래와 같이 수정해도 됩니다.

```
var jumsu = prompt("점수를 입력하세요!");
```

02: prompt( )는 입력상자를 표시하는 명령문입니다. 괄호 안에 텍스트를 기술하면 그 텍스트가 입력상자 위에 표시됩니다. 이 라인에서는 키보드로부터 값을 입력을 받아서 그 값을 jumsu 변수에 할당합니다.

03: if 뒤의 괄호 안의 조건식을 검사해서 결과가 '참'이면 즉, 사용자가 입력한 점수가 90 이상이면 04 라인의 명령문이 실행됩니다. 그러나 조건식의 결과가 '거짓'이면 즉, 사용자가 입력한 점수가 90 미만이면 04 라인의 명령문이 실행되지 않습니다.

03 라인과 04 라인은 2개 라인에 걸쳐 기술되었지만 1개의 문(statement, 명령문)입니다. 03 라인의 제일 뒤에는 세미콜론이 없지만 04 라인의 제일 뒤에는 세미콜론이 있습니다. 모든 문은 세미콜론으로 끝나므로 03 라인과 04 라인은 1개의 문이며, 다음과 같이 1개 라인에 기술해도 됩니다.

```
if (jumsu >= 90) document.write("A 학점입니다.<br>");
```

if 문 뒤의 조건식이 '참'이면 조건식 뒤의 document.write( )가 계속 실행되어 'A 학점입니다.'라는 메시지가 출력됩니다. 그러나 조건식이 '거짓'이면 조건식 뒤의 document.write( )가 실행되지 않고, 그 다음 명령문인 05 라인이 실행됩니다.

05: 이 명령문은 앞의 if 문과 상관없는 독립적인 명령문이므로 항상 실행됩니다.

참고하세요

앞의 소스 코드에서 if 문을 2개 라인에 걸쳐 기술한 것은 소스 코드의 가독성(readability)을 높이기 위한 것입니다. 여기서는 1개의 조건식만을 사용했으나 여러 개의 조건식을 사용하는 경우 조건식이 참이거나 거짓일 때 실행될 명령문을 계층적으로 기술하는 것이 소스 코드를 작성하거나 판독하기가 훨씬 수월합니다.

앞의 프로그램에서는 조건식이 '참'이면 'A 학점입니다.'라는 메시지가 1개 더 출력되었습니다. 그런데 조건식이 '참'일 때 3개의 메시지를 출력하려면 어떻게 하면 될까요? 다음의 소스 코드를 통해 알아보겠습니다.

▶ ja03_2.html

```
<!DOCTYPE html>
<html>
<body>
```

```
<script>

var jumsu; // 01

jumsu = prompt("점수를 입력하세요!"); // 02
if (jumsu >= 90) { // 03
  document.write("A 학점입니다.<br>");
  document.write("축하합니다!<br>");
  document.write("장학금을 신청하세요.<br>");
} // 04
document.write("점수 : " + jumsu); // 05

</script>
</body>
</html>
```

실행 결과

90점 이상이면 다음과 같이 3개의 메시지와 점수가 출력됩니다.

Explorer 사용자 프롬프트	✕
스크립트 프롬프트: 점수를 입력하세요!	확인 취소
90	

```
                                          —  □  ✕
← → 🔲                        ▼ ↻   검색...
🔲 단순 if 문 사용하기          ✕ 🔲
A 학점입니다.                              ⌃
축하합니다!
장학금을 신청하세요.
점수 : 90
                                          ⌄
```

그러나 90점 미만이면 점수만 출력됩니다.

```
Explorer 사용자 프롬프트                                    ×

스크립트 프롬프트:                                    확인
점수를 입력하세요!
                                                      취소

79
```

```
                                            —  □  ×

←  →  🔁              ▾ C  검색...

🔁 단순 if 문 사용하기      × 🗋

점수 : 79
```

📠 소스 코드 해설

01: 점수를 기억할 jumsu 변수를 선언했습니다.

02: 입력상자를 표시해서 점수를 입력받습니다.

03-04: if 문 뒤의 조건식이 '참'일 때 실행될 3개의 명령문을 { } 안에 기술했습니다. 이와 같이 { } 안에 기술된 명령문들을 명령문 블록(block)이라고 합니다. 명령문 블록은 연속적으로 실행되어야 하는 여러 개의 명령문을 묶기 위해 사용합니다. 이 명령문 블록은 좋은 방법은 아니지만 다음과 같이 기술해도 됩니다.

```
if (jumsu >= 90)
{
    document.write("A 학점입니다.<br>");
    document.write("축하합니다!<br>");
    document.write("장학금을 신청하세요.<br>");
}
```

역시 추천할만한 방법은 아니지만 다음과 같이 기술해도 됩니다.

```javascript
if (jumsu >= 90)
{
    document.write("A 학점입니다.<br>");
    document.write("축하합니다!<br>");
    document.write("장학금을 신청하세요.<br>");  }
```

05: 이 문은 항상 실행됩니다.

if ... else 문 사용하기

앞서 배운 단순 if 문은 조건식이 '참'일 경우에만 특정 명령문이 실행되었습니다. 그러나 if ... else 문을 사용하면 조건식이 '참'일 때는 물론, '거짓'일 때도 특정 명령문을 실행시킬 수 있습니다.

if ... else 문의 형식은 다음과 같습니다.

```
if (조건식) {
    조건식이 '참'일 때 실행될 문장들;
} else {
    조건식이 '거짓'일 때 실행될 문장들;
}
```

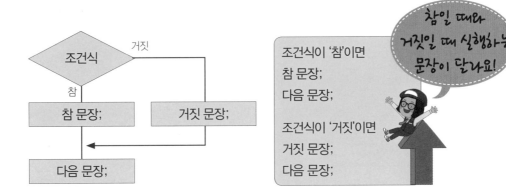

if ... else 문은 다음의 소스 코드를 예를 통해 알아보겠습니다.

이 프로그램은 점수가 90점 이상일 때도 메시지가 출력되고, 90점 미만일 때도 메시지가 출력됩니다.

▶ ja03_3.html

```
<!DOCTYPE html>
<html>
<body>
<script>

var jumsu;

jumsu = prompt("점수를 입력하세요!");

if (jumsu >= 90) // 01
  document.write("A 학점입니다.<br>"); // 02
else // 03
  document.write("A 학점이 아닙니다.<br>");  // 04
  document.write("점수 : " + jumsu); // 05

</script>
</body>
</html>
```

실행 결과

점수가 90점 이상이면 'A 학점입니다.'라는 메시지와 점수가 출력됩니다.

Explorer 사용자 프롬프트	✕
스크립트 프롬프트:	확인
점수를 입력하세요!	취소
90	

if ... else 문 사용하기

A 학점입니다.
점수 : 90

점수가 90점 미만이면 'A 학점이 아닙니다.'라는 메시지와 점수가 출력됩니다.

```
Explorer 사용자 프롬프트                                              ✕

스크립트 프롬프트:                                                  확인
점수를 입력하세요!
                                                                취소

79
```

```
                                    —   □   ✕

← → 🗋              ▾ ᴄ  검색…

🌐 if … else 문 사용하기    ✕ 🗋

A 학점이 아닙니다.                                              ∧
점수 : 79
```

🖳 소스 코드 해설

01-02: if 문 뒤의 조건식이 '참'이면, 조건식 뒤의 document.write( )가 실행되고, if … else 문을 벗어나 05 라인이 실행됩니다.

03-04: 그러나 if 문 뒤의 조건식이 '거짓'이면, else 문 뒤의 document.write( )가 실행되고, if … else 문을 벗어나 05 라인이 실행됩니다.

05: 이 문은 항상 실행됩니다.

이번에는 조건식이 '참'일 때나 '거짓'일 때 'ja03_3.html'과 달리 여러 개의 명령문을 실행하는 소스 코드를 살펴보겠습니다.

▶ **ja03_4.html**

```
<!DOCTYPE html>
<html>
<body>
<script>
```

```
var jumsu;

jumsu = prompt("점수를 입력하세요!");

if (jumsu >= 90) { // 01
  document.write("A 학점입니다.<br>"); // 02
  document.write("축하합니다!<br>");
  document.write("장학금을 신청하세요.<br>"); // 03
} else { //04
  document.write("A 학점이 아닙니다.<br>"); // 05
  document.write("미안합니다!<br>");
  document.write("장학금을 신청할 수 없어요.<br>"); // 06
}

document.write("점수 : " + jumsu); // 07

</script>
</body>
</html>
```

실행 결과

점수가 90점 이상일 때 3개의 메시지와 점수가 출력됩니다.

Explorer 사용자 프롬프트   ✕

스크립트 프롬프트: 확인
점수를 입력하세요!   취소

90

---

if ... else 문 사용하기   검색...

A 학점입니다.
축하합니다!
장학금을 신청하세요.
점수 : 90

점수가 90점 미만일 때도 3개의 메시지와 점수가 출력됩니다.

Explorer 사용자 프롬프트   ✕

스크립트 프롬프트: 확인
점수를 입력하세요!   취소

79

⟵ ⟶ 🔁   ▾ C   검색...

if ... else 문 사용하기   ✕

A 학점이 아닙니다.
미안합니다!
장학금을 신청할 수 없어요.
점수 : 79

▣ 소스 코드 해설

01-03: if 문 뒤의 조건식이 '참'이면, 02 라인부터 03 라인까지 3개의 명령문이 실행
되고, if ... else 문을 벗어나 07 라인이 실행됩니다.

04-06: 그러나 if 문 뒤의 조건식이 '거짓'이면, 05 라인부터 06 라인까지 3개의 명령
문이 실행되고, if ... else 문을 벗어나 07 라인이 실행됩니다.

if ... else if 문 사용하기

여러 조건에 따른 각기 다른 명령을 실행하려면 if ... else if 문을 사용합니다. if ... else if 문의 형식은 다음과 같습니다.

```
if (조건식1) {
    조건식 1이 '참'일 때 실행될 문장들;
} else if (조건식2) {
    조건식 1이 '거짓'이고 조건식2가 '참'일 때 실행될 문장들;

        ⋮

} else {
    앞의 모든 조건식이 '거짓'일 때 실행될 문장들;
}
```

조건식 1 ──참── 참 문장 1;

│거짓

조건식 2 ──참── 참 문장 2;

│거짓

⋯

조건식 n-1 ──참── 참 문장 n-1;

│거짓

참 문장 n;

다음 문장;

조건식에 따라 실행되는 문장이 모두 달라요!

필요한 조건식의 개수만큼 else if 문을 추가하면 됩니다. 다음의 소스 코드는 if …
else if 문을 활용하여 입력 받은 점수에 따라 'A', 'B', 'C', 'D', 'F'의 학점과 점수를 출
력합니다.

▶ ja03_5.html

```
<!DOCTYPE html>
<html>
<body>
<script>

var jumsu = prompt("점수를 입력하세요!");

if (jumsu >= 90)
  document.write("A 학점"); // 01
else if (jumsu >= 80)
  document.write("B 학점"); // 02
else if (jumsu >= 70)
  document.write("C 학점"); // 03
else if (jumsu >= 60)
  document.write("D 학점"); // 04
else
  document.write("F 학점"); // 05

document.write("<br>점수 : " + jumsu); // 06

</script>
</body>
</html>
```

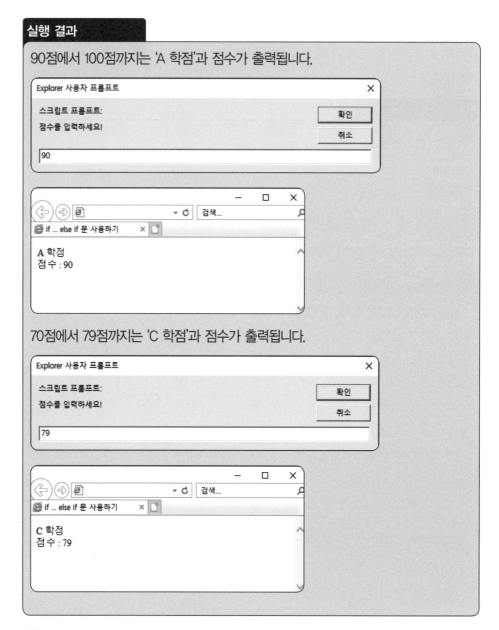

실행 결과

90점에서 100점까지는 'A 학점'과 점수가 출력됩니다.

70점에서 79점까지는 'C 학점'과 점수가 출력됩니다.

📟 소스 코드 해설

01: 입력된 점수가 90 ~ 100이면 01 라인이 실행되고, if ... else if 문을 벗어나 06 라인이 실행됩니다.

02: 입력된 점수가 80 ~ 89이면 02 라인이 실행되고, if ... else if 문을 벗어나 06 라인이 실행됩니다.

03: 입력된 점수가 70 ~ 79이면 03 라인이 실행되고, if ... else if 문을 벗어나 06 라인이 실행됩니다.

04: 입력된 점수가 60 ~ 69이면 04 라인이 실행되고, if ... else if 문을 벗어나 06 라인이 실행됩니다.

05: 입력된 점수가 위의 조건에 모두 맞지 않는 60점 미만이면 05 라인이 실행되고, if ... else if 문을 벗어나 06 라인이 실행됩니다. if ... else if 문의 마지막 문은 else 로 끝난다는 점을 유의해야 합니다.

'ja03_5.html'의 소스 코드는 조건식이 '참'일 때 실행되는 명령문이 1개였습니다. 조건식이 '참'일 때 여러 개의 명령문을 실행하려면 역시 명령문 블록을 사용하면 됩니다. 다음의 소스 코드를 살펴 보겠습니다.

▶ ja03_6.html

```
<!DOCTYPE html>
<html>
<body>
<script>

var jumsu = prompt("점수를 입력하세요!");

if (jumsu >= 90) {

  document.write("A 학점");
  document.write("<br>축하합니다.");

} else if (jumsu >= 80) {

  document.write("B 학점");
  document.write("<br>준수합니다.");
```

```
} else if (jumsu >= 70) {

  document.write("C 학점");
  document.write("<br>더 노력하세요.");

} else if (jumsu >= 60) {

  document.write("D 학점");
  document.write("<br>분발하세요.");

} else {

  document.write("F 학점");
  document.write("<br>낙제입니다.");

}

document.write("<br>점수 : " + jumsu);

</script>
</body>
</html>
```

실행 결과

입력상자에 90 이상의 값을 입력해 봅시다. 2개의 메시지와 점수가 출력됩니다.

Explorer 사용자 프롬프트	✕
스크립트 프롬프트: 점수를 입력하세요!	확인 취소
90	

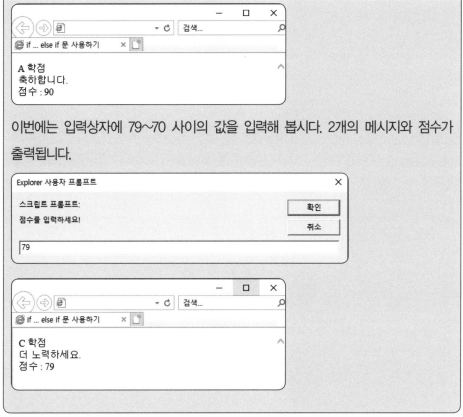

이번에는 입력상자에 79~70 사이의 값을 입력해 봅시다. 2개의 메시지와 점수가 출력됩니다.

🔲 소스 코드 해설

'ja03_6.html'의 소스 코드와 동일해 보이지만 명령문 블록을 사용하여 2개의 메시지와 점수를 출력한다는 차이가 있습니다. 이 소스 코드를 보면서 명령문 블록을 표시하는 { }의 사용이 헷갈릴 수 있습니다. 대부분 앞의 코드와 같이 기술하지만 반드시 그렇게 기술해야 하는 것도 아닙니다. 좀 더 이해가 쉽도록 다음과 같이 기술해도 됩니다.

▶ ja03_7.html

```
<!DOCTYPE html>
<html>
<body>
```

```
<script>

var jumsu = prompt("점수를 입력하세요!");

if (jumsu >= 90) {
  document.write("A 학점");
  document.write("<br>축하합니다.");
}
else if (jumsu >= 80) {
  document.write("B 학점");
  document.write("<br>준수합니다.");
}
else if (jumsu >= 70) {
  document.write("C 학점");
  document.write("<br>더 노력하세요.");
}
else if (jumsu >= 60) {
  document.write("D 학점");
  document.write("<br>분발하세요.");
}
else {
  document.write("F 학점");
  document.write("<br>낙제입니다.");
}

document.write("<br>점수 : " + jumsu);

</script>
</body>
</html>
```

switch 문 사용하기

switch 문은 앞서 배운 if ... else if 문처럼 여러 조건에 따른 각기 다른 명령을 실행
시키고자 할 때 사용합니다. if ... else if 문보다 깔끔하게 코드를 작성할 수 있으며
다음과 같은 형식으로 사용합니다.

```
switch(식이나 변수) {

case n1:
    실행할 문장들;
break;

case n2:
    실행할 문장들;
break;
    ⋮
default:
    실행할 문장들;
}
```

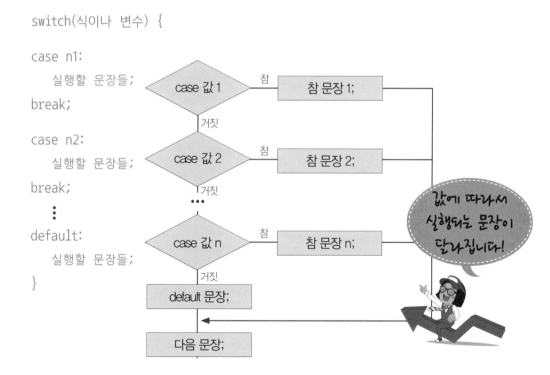

이와 같이 switch 문은 switch ... case ... break 문과 default 문의 조합으로 사용
합니다. switch 문을 사용하는 소스 코드를 보면 더 이해하기 쉬울 것입니다. 다음
소스 코드도 'ja03_6.html'과 같이 점수를 입력 받아 학점과 점수를 출력합니다.

JAVASSCRIPT

▶ ja03_8.html

```
<!DOCTYPE html>
<html>
<body>
<script>

var jumsu = prompt("점수를 입력하세요!"); // 01

var mark = (jumsu - (jumsu % 10)) / 10 // 02
switch (mark) // 03
{

  case 10 : // 04
    document.write("A 학점");   // 05
  break; // 06
  case 9 : // 07
    document.write("A 학점");   // 08
  break; // 09
  case 8 : // 10
    document.write("B 학점");
  break;
  case 7 :
    document.write("C 학점");
  break;
  case 6 :
    document.write("D 학점");
  break; // 11
  default : // 12
    document.write("F 학점"); // 13

}
```

```
document.write("<br>점수 : " + jumsu); // 14

</script>
</body>
</html>
```

실행 결과

입력 값이 90~100점일 때 'A 학점'과 점수가 출력됩니다.

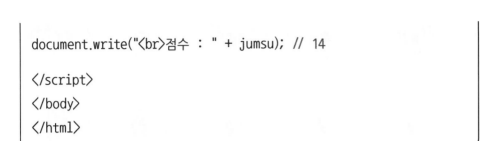

입력 값이 70~79점일 때 'C 학점'과 점수가 출력됩니다.

🖥 소스 코드 해설

```
var jumsu = prompt("점수를 입력하세요!"); // 01
var mark = (jumsu - (jumsu % 10)) / 10 // 02
switch (mark) // 03
{
```

01: 점수를 입력 받아 jumsu 변수에 할당합니다.

02: 변수 jumsu의 값이 100이면 10, 90~99이면 9, 80~89이면 8과 같이 입력된 점수를 0에서 10까지의 정수로 변환하여 mark 변수에 할당합니다.

03: 괄호 안의 mark 변수의 값과 일치하는 값을 가진 case 문으로 이동합니다. 여기서는 switch 뒤의 괄호 안에 mark 변수를 기술했습니다.

```
case 10 : // 04
    document.write("A 학점");   // 05
break; // 06
case 9 : // 07
    document.write("A 학점");   // 08
break; // 09
```

04: mark 변수의 값이 10이면 즉, 입력된 점수가 100점이면 05 라인이 실행되어 메시지가 출력되고 06 라인의 break 문에 의해 switch 문을 벗어나 14 라인이 실행됩니다.

07: mark 변수의 값이 9이면 즉, 입력된 점수가 90점에서 99점 사이이면 08 라인이 실행되어 메시지가 출력되고 09 라인의 break 문에 의해 switch 문을 벗어나 14 라인이 실행됩니다. 이후 나머지 10 라인부터 11 라인까지도 동일한 규칙에 의해 실행됩니다.

```
default : // 12
document.write("F 학점"); // 13
```

12: mark 변수의 값이 앞의 모든 case 문의 값과 일치하지 않으면 12 라인으로 이동하여 13 라인이 실행됩니다.

이 소스 코드를 보면 다음과 같이 100점일 때 출력되는 메시지와 90점에서 99점일 때 출력되는 메시지가 동일합니다. 둘 다 A 학점이기 때문입니다.
이럴 때는 다음과 같이 기술해도 됩니다.

```
case 10 :
case 9 :
    document.write("A 학점");
break;
```

switch 문에서 문자열을 값으로 사용할 수도 있습니다. 다음의 소스 코드를 봅시다.

▶ ja03_9.html

```
<!DOCTYPE html>
<html>
<body>
<script>

var animal = prompt("키우고 있는 애완동물은?");

switch (animal)
{
```

```
    case "개" :
      document.write("개를 입력했습니다.");
      document.write("<br>멍멍 멍멍!");
    break;

    case "고양이" :
      document.write("고양이를 입력했습니다.");
      document.write("<br>야옹 야옹!");
    break;

    case "새" :
      document.write("새를 입력했습니다.");
      document.write("<br>짹짹 짹짹!");
    break;
    default :
      document.write("대체 뭘 키우는 겁니까?");

}

</script>
</body>
</html>
```

실행 결과

입력 값이 '고양이'일 때 2개의 메시지가 출력됩니다.

Explorer 사용자 프롬프트	✕
스크립트 프롬프트:	확인
키우고 있는 애완동물은?	취소
고양이	

고양이를 입력했습니다.
야옹 야옹!

입력 값이 '돼지'일 때 다음과 같은 메시지가 출력됩니다.

Explorer 사용자 프롬프트

스크립트 프롬프트:
키우고 있는 애완동물은?

돼지

확인
취소

switch 문 사용하기

대체 뭘 키우는 겁니까?

▣ 소스 코드 해설

switch 문을 사용하여 입력 받은 문자열 값에 따라 서로 다른 메시지를 출력합니다. 개, 고양이, 새 이외에 다른 동물(문자열)을 입력 받았을 때 "대체 뭘 키우는 겁니까?"라는 메시지를 출력하게 됩니다.

요점 정리

- 단순 if 문은 조건에 따라 결과가 '참(true)'일 때 특정 명령을 실행하기 위해 사용합니다.
- 단순 if 문의 형식은 다음과 같습니다.

```
if (조건식) {
    조건식이 '참'일 때 실행될 문장들;
}
```

- { } 안에 기술된 명령문들을 명령문 블록(block)이라고 합니다. 명령문 블록은 이와 같이 연속적으로 실행되어야 하는 여러 개의 명령문을 묶기 위해 사용합니다.
- if ... else 문을 사용하면 조건식이 '참'일 때는 물론 '거짓'일 때도 특정 명령문을 실행시킬 수 있습니다.
- if ... else 문의 형식은 다음과 같습니다.

```
if (조건식) {
    조건식이 '참'일 때 실행될 문장들;
} else {
    조건식이 '거짓'일 때 실행될 문장들;
}
```

- 여러 조건에 따른 각기 다른 명령을 실행하려면 if ... else if 문을 사용합니다.
- if ... else if 문의 형식은 다음과 같습니다.

```
if (조건식1) {
    조건식1이 '참'일 때 실행될 문장들;
} else if (조건식2) {
    조건식1이 '거짓'이고 조건식2가 '참'일 때 실행될 문장들;
```

```
    } else {
        조건식1과  조건식2가  '거짓'일  때  실행될  문장들;
    }
```

■ switch 문은 if ... else if 문처럼 여러 조건에 따른 각기 다른 명령을 실행시키고자 할 때 사용합니다.

■ switch 문은 다음과 같은 형식으로 사용합니다.

```
    switch(식이나  변수)  {

        case n1:
                실행할  문장들;
        break;

        case n2:
                실행할  문장들;
        break;

            ⋮

        default:
                실행할  문장들;
    }
```

Chapter

4

코딩 첫걸음 시리즈

Java
Script

반복문과 배열 사용하기

for 문 사용하기

for 문은 가장 널리 사용되는 반복문이며 형식은 다음과 같습니다.

```
for (초기화식; 조건식; 증감식) {
    조건식이 '참'인 동안 반복 실행될 명령문들;
}
```

초기화식 → 조건식 → 명령문들 → 증감식

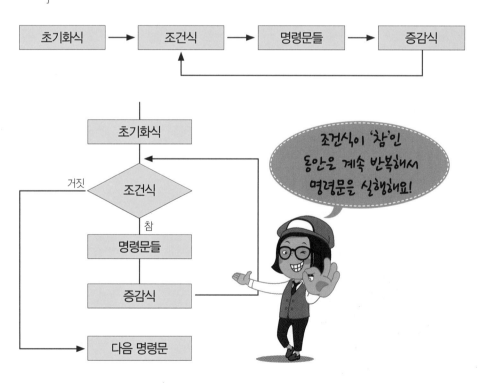

조건식이 '참'인 동안은 계속 반복해서 명령문을 실행해요!

초기화식은 한 번만 실행되며, 이후 조건식이 '참'이면 명령문, 증감식, 조건식 순으로 반복 실행됩니다.

다음의 소스 코드를 통해 for 문을 살펴봅시다.

▶ ja04_1.html

```
<!DOCTYPE html>
<html>
<body>
<script>

var count;

for (count=1; count<=10; ++count) { // 01

  document.write(count); // 02
  document.write("<br>"); // 03
} // 04

document.write("The End!"); //05

</script>
</body>
</html>
```

실행 결과

```
                                          —   □   ×
←  →  📄                      ▾ ⟳   검색...
📄 for 문 사용하기        ×  📄
1                                                    ∧
2
3
4
5
6
7
8
9
10
The End!                                             ∨
```

📟 소스 코드 해설

01-04: count의 값이 1에서 10일 때 for 문의 블록 내에 있는 02, 03 라인의 명령문이 반복 실행됩니다. 이 for 문은 다음의 순서로 실행됩니다.

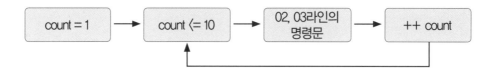

아래의 for 문 블록이 실행되는 과정을 자세히 살펴봅시다.

```
for (count=1; count<=10; ++count) { // 01
    document.write(count); // 02
    document.write("<br>"); // 03
} // 04
document.write("The End!"); //05
```

❶ 01 라인의 count=1이 실행되어 count 변수의 값이 1이 됩니다. 조건식인 count<=10이 실행되어 count 변수의 값이 10 이하인가를 검사합니다. 현재 count 변수의 값이 1이며 따라서 조건식의 결과는 '참'입니다. 그러므로 02, 03 라인이 실행됩니다.

❷ 다시 01 라인의 ++count 식이 실행되어 count 변수의 값이 2가 됩니다. 조건식인 count<=10이 실행되어 count 변수의 값이 10 이하인가를 검사합니다. 현재 count 변수의 값이 2이며 따라서 조건식의 결과는 '참'입니다. 그러므로 02, 03 라인이 실행됩니다.

❸ 다시 01 라인의 ++count 식이 실행되어 count 변수의 값이 3이 됩니다. 조건식인 count<=10이 실행되어 count 변수의 값이 10 이하인가를 검사합니다. 현재 count 변수의 값이 3이며 따라서 조건식의 결과는 '참'입니다. 그러므로 02, 03 라인이 실행됩니다.

이러한 방법으로 02, 03 라인이 반복 실행됩니다. 반복을 거듭해서 이제 count 변수의 값이 9인 상태부터 따져봅시다.

❹ 다시 01 라인의 ++count 식이 실행되어 count 변수의 값이 10이 됩니다. 조건 식인 count<=10이 실행되어 count 변수의 값이 10 이하인가를 검사합니다. 현재 count 변수의 값이 10이며 따라서 조건식의 결과는 '참'입니다. 그러므로 02, 03 라인이 실행됩니다.

❺ 다시 01 라인의 ++count 식이 실행되어 count 변수의 값이 11이 됩니다. 다시 조 건식인 count<=10이 실행되어 count 변수의 값이 10 이하인가를 검사합니다. 현 재 count 변수의 값이 11이며 따라서 조건식의 결과는 '거짓'입니다. 조건식의 결 과가 '거짓'이므로 02, 03 라인이 실행되지 않고 04 라인의 명령문 블록을 벗어나 05 라인의 명령문이 실행됩니다.

이번에는 예시 화면과 같이 10부터 1까지 출력하려면 어떻게 해야 할까요?

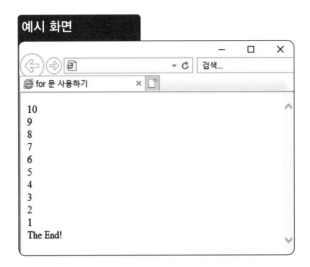

'ja04_1.thml'의 for 문을 다음의 소스 코드와 같이 수정하면 됩니다.

▶ ja04_2.html

```
<!DOCTYPE html>
<html>
<body>
<script>

var count;

for (count=10; count>=1; --count){ // count 값이 10부터 1까지 1씩
                                          감소하면서 명령을 반복
   document.write(count);
   document.write("<br>");
}
document.write("The End!");

</script>
</body>
</html>
```

다음의 소스 코드를 보겠습니다. 1+2, 1+2+3, …, 1+2+…10의 결과를 출력하는 프로그램입니다.

▶ ja04_3.html

```
<!DOCTYPE html>
<html>
<body>
<script>

var sum = 0; // 01

for (var i = 1; i <= 10; i++){ // 02
  sum = sum + i // 03
  document.write(i + "까지의 합 = " + sum); // 04
  document.write("<br>");
} // 05

</script>
</body>
</html>
```

실행 결과

```
1까지의 합 = 1
2까지의 합 = 3
3까지의 합 = 6
4까지의 합 = 10
5까지의 합 = 15
6까지의 합 = 21
7까지의 합 = 28
8까지의 합 = 36
9까지의 합 = 45
10까지의 합 = 55
```

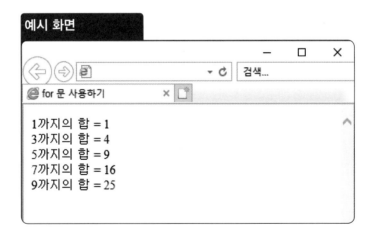

📲 소스 코드 해설

01: 정수를 누적할(계속 더할) 변수를 선언했습니다. 반드시 초기 값을 0으로 할당해야 합니다. 변수에 초기 값을 할당하지 않으면 undefined라는 값을 가지고 있어 03라인에서 덧셈을 할 때 에러가 발생합니다.

02: 반복될 때마다 i 변수 값은 1부터 10까지 1씩 증가합니다. i++ 대신 ++i를 기술해도 됩니다.

03: sum 변수에 i 변수 값이 계속 누적됩니다.

04: i 변수의 현재 값과 sum 변수의 현재 값을 한 줄에 출력합니다.

05: for 반복문 블록의 끝을 표시합니다.

만약 다음과 같이 1부터 10 사이의 홀수의 합을 출력하려면 어찌해야 할까요?

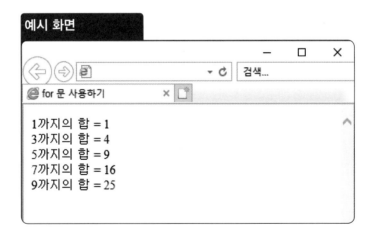

ja04_3.html의 소스 코드에서 for 문만 다음과 같이 수정하면 됩니다.

```
for (var i = 1; i <= 10; i=i+2)
```

증가식에서 i 변수의 값을 2씩 증가시키면 됩니다. 완전한 소스 코드는 'ja04_4.html' 파일에서 확인할 수 있습니다.

중첩 for 문 사용하기

for 문 블록 안에 또 for 문 블록을 사용할 수도 있으며 다음의 소스 코드에서 살펴
보겠습니다.

▶ ja04_5.html

```
<!DOCTYPE html>
<html>
<body>
<script>

for (var outer=1; outer<=3; outer++){ // 01
  for (var inner=1; inner<=4; inner++)  { // 02
    document.write("outer="+outer+" inner="+inner); // 03
    document.write("<br>");   // 04
  } // 05
  document.write("<hr>"); // 06
  } // 07

</script>
</body>
</html>
```

실행 결과

outer가 1 바퀴 돌면 inner는 4 바퀴를 돌아요!

📟 소스 코드 해설

실행 결과를 보면 다음과 같이 실행되었음을 알 수 있습니다.

❶ outer 변수가 1인 상태에서 inner 변수가 1에서 4까지 변하고,

❷ outer 변수가 2인 상태에서 다시 inner 변수가 1에서 4까지 변하고,

❸ outer 변수가 3인 상태에서 또 다시 inner 변수가 1에서 4까지 변했습니다.

즉, 01-07 라인의 바깥쪽 for 문이 반복 실행될 때마다 02-05 라인의 안쪽 for 문은 1부터 다시 실행됩니다. 06 라인은 안쪽 for 문이 모든 반복을 끝낼 때마다 실행됩니다. 바깥쪽 for 문에서 사용한 변수를 안쪽 for 문에서 사용할 수도 있습니다. 이런 방법을 사용하면 다양한 작업을 처리할 수 있습니다.

다음의 소스 코드를 살펴봅시다.

▶ ja04_6.html

```
<!DOCTYPE html>
<html>
<body>
```

```
<script>

for (var outer=1; outer<=5; outer++){ // 01
  for (var inner=1; inner<=outer; inner++) { // 02
    document.write("outer="+outer+" inner="+inner);
    document.write("<br>");
  }
  document.write("<hr>");
  }

</script>
</body>
</html>
```

실행 결과

outer 값만큼 inner가 반복되고 있어요!

📟 소스 코드 해설

언뜻 ja04_5.html과의 차이점이 없어보이지만 이 소스 코드에서 02 라인의 조건식을 눈여겨 봐야 합니다.

```
for (var outer=1; outer<=5; outer++){ // 01
    for (var inner=1; inner<=outer; inner++) { // 02
```

안쪽 for 문은 바깥쪽 for 문의 outer 변수 값만큼만 반복 실행됩니다. 그래서

❶ outer가 1이면 inner는 1까지만 변하고,

❷ outer가 2이면 inner는 1에서 2까지 변하고,

❸ outer가 3이면 inner는 1에서 3까지 변하고,

❹ outer가 4이면 inner는 1에서 4까지 변하고,

❺ outer가 5이면 inner는 1에서 5까지 변합니다.

참고하세요

우리는 for 문을 2개까지 중첩해서 사용해보았으나 그 이상의 중첩도 가능합니다. 하지만 중첩을 많이 하는 것이 좋은 것은 아닙니다. 대부분 최대 3개까지는 중첩해서 사용하며 그 이상은 피하는 것이 좋습니다.

while 문 사용하기

while 문도 for 문과 같은 반복문입니다. 하지만 다음과 같이 for 문 보다 형식이 간단합니다.

```
while (조건식) {
    조건식이 '참'인 동안 반복 실행될 명령문들;
}
```

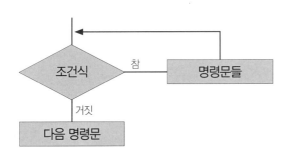

for 문으로 작성한 반복 코드를 while 문으로 바꿔서 작성할 수도 있습니다. 그러나 while 문은 반복 횟수는 모르지만 반복을 계속하거나 멈추는 조건은 알고 있을 때 유용합니다. 다음의 소스 코드를 보겠습니다. secret이라는 변수 값을 몇 번 만에 맞추는지를 계산하는 소스 코드입니다.

▶ ja04_7.html

```
<!DOCTYPE html>
<html>
<body>
<script>
```

```
var secret = 7; // 01
var count = 0; // 02
var guess; // 03
while (guess != secret){ // 04

    guess = prompt("1-10 사이의 숫자를 입력하세요!"); // 05
    document.write("입력한 값 : " + guess); // 06
    document.write("<br>");
    count++; // 07
} // 08

document.write(count + "번만에 맞혔습니다!"); // 09
</script>
</body>
</html>
```

실행 결과

Explorer 사용자 프롬프트	✕

스크립트 프롬프트:

1-10 사이의 숫자를 입력하세요!

확인

취소

```
7
```

while 문 사용하기   ✕

검색...

입력한 값 : 1
입력한 값 : 8
입력한 값 : 3
입력한 값 : 7
4번만에 맞혔습니다!

PROGRAMMING

7이 입력될 때까지 계속 입력상자를 표시하고 메시지를 출력합니다. 7이 입력되면 몇 번만에 맞췄는지를 알려주는 프로그램입니다.

📟 소스 코드 해설

01: secret 변수를 선언하고 초기 값으로 7을 할당합니다. 이 변수에 있는 값을 맞추면 실행이 끝납니다.

02: count 변수를 선언하고 초기 값으로 0을 할당합니다. 몇 번만에 맞추는지를 횟수를 저장하는 변수입니다.

03: guess 변수를 선언합니다. 키보드로 사용자가 입력하는 값을 저장할 변수이므로 초기 값이 필요없습니다.

04: 입력되는 값과 secret 변수에 있는 값이 같은지를 검사합니다. 같지 않으면 05-07까지의 명령문 블록이 실행됩니다.

05: 입력상자를 표시하고 키보드에서 값을 입력 받아 guess 변수에 저장합니다.

06: 입력된 값을 출력합니다.

07: 입력 횟수를 계산합니다. 입력할 때마다 count 변수의 값이 1씩 증가합니다.

08: 반복 실행되는 명령문 블록의 끝을 표시합니다.

09: secret 변수 값을 맞추면 while 블록을 벗어나 이 라인이 실행되어 몇 번만에 맞추었는지를 텍스트와 함께 출력합니다.

중첩 while 문 사용하기

while 문도 중첩해서 사용할 수 있습니다. 다음의 소스 코드는 2단에서 9단까지 구구단을 출력하기 위해 while 문을 중첩해서 사용하고 있습니다.

```
<!DOCTYPE html>
<html>
<body>
<script>

var dan=2, num; // 01

while (dan <= 9){ // 02

  num=1; // 03

  while (num <= 9){ // 04

    document.write(dan + " * " + num + " = " + dan*num); // 05
    document.write("<br>");
    num++; // 06

  } // 07

  document.write("<br>"); // 08
  dan++; // 09

}// 10

</script>
</body>
</html>
```

실행 결과

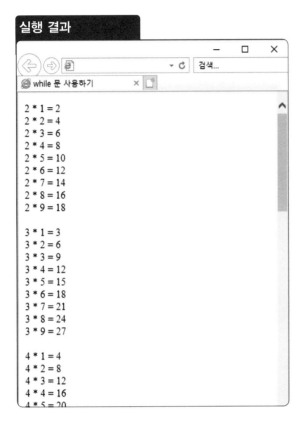

```
2 * 1 = 2
2 * 2 = 4
2 * 3 = 6
2 * 4 = 8
2 * 5 = 10
2 * 6 = 12
2 * 7 = 14
2 * 8 = 16
2 * 9 = 18

3 * 1 = 3
3 * 2 = 6
3 * 3 = 9
3 * 4 = 12
3 * 5 = 15
3 * 6 = 18
3 * 7 = 21
3 * 8 = 24
3 * 9 = 27

4 * 1 = 4
4 * 2 = 8
4 * 3 = 12
4 * 4 = 16
4 * 5 = 20
```

📟 소스 코드 해설

01: 구구단의 단을 기억할 변수 dan과 1에서 9까지의 숫자를 기억할 변수 num을 선언합니다. 2단부터 시작할 것이므로 dan 변수에는 2를 초기 값으로 할당했습니다.

02: 바깥쪽 while 문은 10 라인까지로, 2단에서 9단까지를 반복합니다.

03: num 변수에 1을 할당합니다. 이 라인은 매번 새로운 단이 시작될 때마다 실행됩니다.

04: 안쪽 while 문으로 07 라인까지로, 각 단별 곱셈식을 출력합니다. 06 라인에 의해 num 변수 값은 1에서 9까지 변합니다.

08: 단과 단 사이에 공백 라인을 표시해 출력합니다.

09: 다음 단을 표시하기 위해 dan 변수 값을 1씩 증가시킵니다.

do...while 문 사용하기

do...while 문은 일단 한 번 명령문을 실행한 후 반복해서 실행할 것인지를 결정해야 할 때 사용합니다. 예를 들어, 100 이상의 숫자만을 입력 받아야 한다면 일단 숫자를 입력받은 후 100 이상인가를 검사해서 100 미만이면 다시 숫자를 입력 받아야 합니다. 형식은 다음과 같습니다.

```
do {
    조건식이 '참'인 동안 반복 실행될 명령문들;
} while (조건식);
```

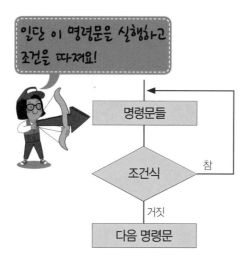

do...while 문은 일단 명령문(들)을 실행한 후에 조건식에 따라 명령문(들)을 계속 실행할 것인지를 결정합니다. while (조건식) 뒤에 반드시 ';'를 기술한다는 것을 유의해야 합니다. do...while 문을 사용하는 다음의 소스 코드를 보겠습니다. 이 소스 코드는 1부터 사용자가 입력한 정수까지 정수의 합과 곱을 연산해 출력합니다.

PROGRAMMING

▶ ja04_9.html

```
<!DOCTYPE html>
<html>
<body>
<script>

var limit, num=1, sum=0, multi=1; //01

limit = prompt("숫자를 입력하세요!"); // 02

do { //03

  sum += num; // 04
  multi *= num; // 05
  num++; // 06

} while (num <= limit); // 07

document.write("합 = " + sum); // 08
document.write("<br>곱 = " + multi); // 09

</script>
</body>
</html>
```

실행 결과

입력 값이 3인 경우, 1~3까지의 정수의 합인 6과 정수의 곱인 '6'이 다음과 같이 출력되었습니다.

Explorer 사용자 프롬프트	×
스크립트 프롬프트: 숫자를 입력하세요!	확인 취소
3	

■ 소스 코드 해설

01: limit은 키보드로 입력된 숫자를 기억합니다. num은 1부터 limit까지의 숫자를 기억합니다. sum은 더해진 결과 값을 기억하고, multi는 곱해진 결과 값을 기억합니다.

02: 숫자를 입력받아 limit 변수에 저장합니다.

03: do 블록의 시작입니다. 07 라인이 블록의 끝입니다.

04: sum에 num을 계속 더합니다. sum=sum+num;과 동일한 식입니다.

05: multi에 num을 계속 곱합니다. multi=multi*num;과 동일한 식입니다.

06: num을 1 증가시킵니다. ++num으로 기술해도 됩니다.

07: num이 입력된 limit 보다 작거나 같은가를 검사합니다. '참'이면 03 라인으로 이동하여 연산을 연산을 반복합니다.

08-09: 덧셈의 결과와 곱셈의 결과를 출력합니다.

중첩 do...while 문 사용하기

do...while 문도 앞서 배운 명령문들과 마찬가지로 역시 중첩해서 사용할 수 있습니다. 다음의 소스 코드를 통해 살펴봅시다.

이 소스 코드는 구구단을 출력하는 'ja04-8.html'을 do...while 문으로 바꾼 것입니다.

▶ ja04_10.html

```
<!DOCTYPE html>
<html>
<body>
<script>

var dan=2, num;

do { // 단을 반복

   num=1; // 새로운 단이 시작될 때마다 다시 1부터 시작

   do { // 각 단마다 9번 반복

      document.write(dan + " * " + num + " = " + dan*num); // 구구단
                                                              출력

      document.write("<br>");
      num++; // num 변수를 1씩 증가

   } while (num <= 9); // 1에서 9까지 반복

   document.write("<br>"); // 단을 구분하는 공백 라인 출력
   dan++; // dan 변수를 1씩 증가

} while (dan <= 9); // 2단에서 9단까지 반복

</script>
</body>
</html>
```

실행 결과

```
2 * 1 = 2
2 * 2 = 4
2 * 3 = 6
2 * 4 = 8
2 * 5 = 10
2 * 6 = 12
2 * 7 = 14
2 * 8 = 16
2 * 9 = 18

3 * 1 = 3
3 * 2 = 6
3 * 3 = 9
3 * 4 = 12
3 * 5 = 15
3 * 6 = 18
3 * 7 = 21
3 * 8 = 24
3 * 9 = 27

4 * 1 = 4
4 * 2 = 8
4 * 3 = 12
4 * 4 = 16
4 * 5 = 20
4 * 6 = 24
```

여기서는 소스 코드 해설은 생략합니다. 주석을 참고해 주시기 바랍니다.

break 문과 continue 문 사용하기

break 문은 반복문을 빠져나오기 위해 사용하며 continue 문은 반복 회차를 건너뛰기 위해 사용합니다.

먼저 break 문을 사용한 다음의 소스 코드를 보겠습니다. 여기서 for 문은 i 변수의 값을 0부터 9까지 1씩 증가시키면서 10번 반복합니다. 그러나 i 값이 3이 되면 중간에 break 문이 실행되어 for 반복문을 벗어나 반복 실행이 끝납니다.

▶ ja04_11.html

```
<!DOCTYPE html>
<html>
<body>
<script>

var i;

for (i = 0; i < 10; i++) {

  if (i === 3) break; // i가 3이 되면 for 문을 벗어나 실행 종료
  document.write("i = " + i + "<br>");

}

</script>
</body>
</html>
```

break 문과 continue 문 사용하기 **131**

실행 결과

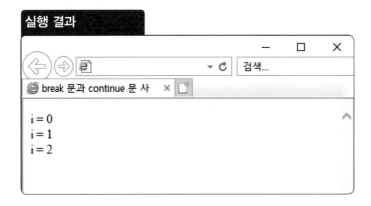

이번에는 continue 문을 어떻게 활용했는지 알아보겠습니다. 다음의 소스 코드는 'ja04_11.html' 소스 코드에서 break를 continue로 수정했을 뿐 나머지는 똑같습니다. break 소스 코드와 마찬가지로 for 문은 i 변수의 값을 0부터 9까지 1씩 증가시키면서 10번을 반복합니다. 그런데 도중에 i 값이 3이 되면 continue 문이 실행됩니다. 그러면 그 아래의 출력문을 실행하지 않고 곧장 for 문으로 실행이 이동하여 그 다음 회차를 반복합니다.

▶ ja04_12.html

```
<!DOCTYPE html>
<html>
<body>
<script>

var i;

for (i = 0; i < 10; i++) { // 01

  if (i === 3) continue; // i가 3이 되면 01 라인으로 이동하여 다
                            음 회차를 실행한다.
  document.write("i = " + i + "<br>");
}
```

```
</script>
</body>
</html>
```

실행 결과

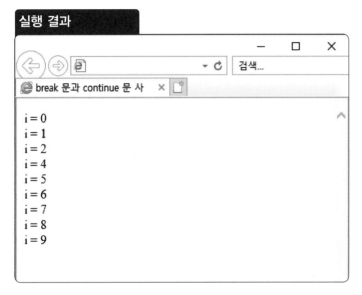

continue 문 때문에 i = 3이 출력되지 않았습니다.

배열 사용하기

지금까지 보았듯이 변수는 1개의 값을 기억합니다. 하지만 배열(array)은 여러 개의 값을 기억할 수 있는 특수한 변수라 할 수 있습니다. 배열 내의 값들은 순서 번호인 인덱스(index)로 구분합니다. 배열은 다음과 같은 형식으로 사용합니다.

    var 배열이름 = [값1, 값2, ...];

배열을 사용하는 다음의 소스 코드를 보겠습니다.

▶ ja04_13.html

```
<!DOCTYPE html>
<html>
<body>
<script>

var arr = [10,20,30,40,50]; // 01
```

```
document.write(arr[0] + "<br>"); // 02
document.write(arr[1] + "<br>");
document.write(arr[2] + "<br>");
document.write(arr[3] + "<br>");
document.write(arr[4] + "<br>"); // 03
document.write("<br>for 문으로 출력<br>");
for (var i=0; i<=4; i++){ // 04
  document.write("<br>");
  document.write(arr[i]); // 05
}
</script>
</body>
</html>
```

실행 결과

🔲 소스 코드 해설

01: 'arr'이라는 이름의 배열을 선언하고 5개의 값을 할당했습니다. 이렇게 여러 개의 값을 할당하면 변수가 아니라 배열이 됩니다.

02-03: arr 배열 값들은 대괄호 안에 인덱스(순서 번호)를 기술해서 구분합니다. 이때 배열을 구성하는 arr[0], arr[1],...를 배열의 요소(element)라고 합니다. 배열의 요소는 인덱스가 0부터 시작된다는 것을 유의해야 합니다. 현재 배열의 상태는 다음과 같습니다.

10	20	30	40	50
arr[0]	arr[1]	arr[2]	arr[3]	arr[4]

04-05: for 문에 사용된 i 변수를 배열의 인덱스로도 사용할 수 있습니다. 이와 같이 인덱스를 변수나 수식으로 지정할 수 있습니다.

배열은 여러 개의 값을 저장해놓고 인덱스로 구분할 수 있습니다. 이러한 특징을 다양하게 응용할 수 있습니다. 만약 배열을 활용하지 않고 if 문으로 작성했다면 길고 복잡했을 코드를 배열을 활용하여 다음의 소스 코드와 같이 간단히 처리할 수 있습니다.

▶ ja04_14.html

```
<!DOCTYPE html>
<html>
<body>
<script>

var group = ["나비","하늘","국화","장미"]; // 01

var num = prompt("1-4까지 숫자를 입력하세요!");
document.write("귀하는 " + group[num-1] + " 그룹입니다."); // 02

</script>
```

```
</body>
</html>
```

실행 결과

입력 값이 '2'인 경우 해당 인덱스 값이 2인 '하늘' 그룹을 출력합니다.

Explorer 사용자 프롬프트	✕
스크립트 프롬프트:	확인
1-4까지 숫자를 입력하세요!	취소
2	

귀하는 하늘 그룹입니다.

🖳 소스 코드 해설

01: 4개의 문자열 값을 가지는 배열인 'group'을 선언했습니다.

02: 입력되는 값을 인덱스로 사용하여 해당 문자열을 출력합니다. 배열의 인덱스는 0부터 시작되고, 키보드에서 입력되는 값은 1부터 시작되므로 group[num−1]으로 인덱스를 식으로 구성했습니다.

또한 배열은 서로 다른 데이터 형으로 여러 값을 저장할 수 있습니다.

다음의 소스 코드를 살펴보겠습니다.

▶ ja04_15.html

```
<!DOCTYPE html>
<html>
<body>
<script>

var arr = [10,"나무",30,4.5,true]; // 01

for (var i=0; i<=4; i++){

    document.write("<br>");
    document.write(arr[i]);

}

</script>
</body>
</html>
```

실행 결과

```
10
나무
30
4.5
true
```

소스 코드 해설

01 라인의 배열에는 정수, 실수, 문자열, 논리값 등 여러 데이터 형의 값들이 할당되었지만 모두 올바로 처리된다.

이와 같이 자바스크립트의 배열은 하나의 배열에 여러 가지 데이터 형을 혼합해서 저장할 수 있습니다.

for...in 문 사용하기

for 반복문을 활용해 배열 내의 모든 값들을 처리할 때는 다음과 같이 for...in 문을 사용하면 반복문을 간단하게 기술할 수 있습니다.

▶ ja04_16.html

```html
<!DOCTYPE html>
<html>
<body>
<script>

var arr = [10,"나무",30,4.5,true];

for (var i in arr){ // 01

  document.write("<br>");
  document.write(arr[i]);

}

</script>
</body>
</html>
```

실행 결과

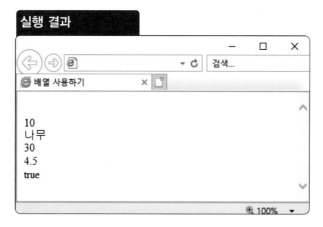

```
10
나무
30
4.5
true
```

💾 소스 코드 해설

01 라인과 같이 기술하면 i 변수가 arr 배열의 인덱스로 지정되고, 배열 내의 요소들을 출력하는 명령문 블록이 반복 실행됩니다.

가변 크기의 배열 사용하기

앞의 소스 코드에서는 배열을 선언하고 배열에 값을 할당했습니다. 그래서 할당되는 값의 개수가 곧 배열의 크기가 됩니다. 그러나 배열 크기를 입력 값에 따라 정할 수도 있습니다. 다음 소스 코드를 살펴봅시다.

▶ ja04_17.html

```
<!DOCTYPE html>
<html>
<body>
<script>

var arr = [ ]; // 01
```

```
var count = prompt("배열의 크기를 입력하세요."); // 02

for (var i=0; i<=count-1; i++) { // 03
  arr[i] = i; // 04
}

for (i in arr){ // 05
  document.write(arr[i] + " ");
} // 06

</script>
</body>
</html>
```

실행 결과

입력상자에 '5'를 입력하면 0~4까지의 수가 출력됩니다.

```
Explorer 사용자 프롬프트                                        ✕

스크립트 프롬프트:                                          확인
배열의 크기를 입력하세요.                                    취소

5
```

```
                                          —    □    ✕

←  →  ⋯                        ▾  ↻    검색...

⋯ 배열 사용하기         ✕

0 1 2 3 4                                       ∧

                                               ∨
```

■ 소스 코드 해설

01: 빈 배열을 선언합니다. 'arr'이 배열이라는 것만 선언한 것입니다.

02: 사용자로부터 배열의 크기를 입력 받아 count 변수에 저장합니다.

03-04: 배열의 인덱스는 0부터 시작되므로 count에서 1을 뺀 만큼 반복하면서 배열의 각 요소에 값을 입력합니다. 여기서 반복하는 횟수만큼 배열을 구성하는 요소가 생성됩니다.

05-06: 배열의 요소 전체를 출력합니다.

참고하세요

자바스크립트 언어는 공식적으로 1차원 배열만 지원합니다. 2차원, 3차원 배열을 구현하는 방법은 있으나 자바스크립트의 특성상 1차원 배열 이외는 거의 사용되지 않습니다.

요점 정리

■ for 문은 가장 널리 사용되는 반복문이며 사용 형식은 다음과 같습니다.

```
for (초기화식; 조건식; 증감식) {
    조건식이 '참'인 동안 반복 실행될 명령문들;
}
```

초기화 식은 한 번만 실행되며, 이후 조건식이 '참'이면 명령문, 증감식, 조건식, 명령문 ... 순으로 반복 실행됩니다.

■ for 문 블록 안에 또 for 문 블록을 사용할 수도 있습니다.

■ while 문도 for 문과 같은 반복문인데 다음과 같이 for 문보다 형식이 간단합니다.

```
while (조건식) {
    조건식이 '참'인 동안 반복 실행될 명령문들;
}
```

- while 문은 반복 횟수는 모르지만, 반복을 계속하거나 멈추는 조건은 알고 있을 때 유용합니다.

- while 문도 중첩해서 사용할 수 있습니다.

- do...while 문은 일단 한번은 명령문을 실행한 후에 계속 반복해서 실행할 것인지를 결정해야 할 때 사용합니다.

```
do {
    조건식이 '참'인 동안 반복 실행될 명령문들;
} while (조건식);
```

do...while 문은 일단 명령문(들)을 실행한 후에 조건식에 따라 명령문(들)을 계속 실행할 것인지를 결정합니다. while (조건식) 뒤에 반드시 ';'를 기술한다는 것을 유의해야 합니다.

- do...while 문도 중첩해서 사용할 수 있습니다.

- break 문은 반복문을 빠져나오기 위해 사용하며, continue 문은 반복 회차를 건너뛰기 위해 사용합니다.

- 배열(array)은 여러 개의 값을 기억할 수 있는 특수한 변수라 할 수 있습니다. 배열 값들은 순서 번호인 인덱스(index)로 구분합니다.

```
var 배열이름 = [값1, 값2, ...];
```

- 배열은 서로 다른 데이터 형으로 여러 값을 저장할 수 있습니다.

- for 반복문을 활용해 배열 내의 모든 값들을 처리할 때는 for...in 문을 사용하면 반복문을 간단하게 기술할 수 있습니다.

함수 사용하기

함수 개념 잡기

자바스크립트에서도 '함수(function)'를 사용합니다. 함수라는 단어를 들으면 수학을 떠올리게 됩니다. 하지만 'function'을 '함수'라고 번역해서 그렇지 수학과는 전혀 관련이 없습니다.

'function'은 '기능'이라는 뜻도 있습니다. 프로그래밍에서 '함수'는 '일정한 기능(function)을 가진 프로그램 조각'을 의미하며 기본적으로 동일한 소스 코드의 반복 작성을 줄이기 위해 사용합니다.

함수를 사용하기 위해서는 '함수 선언'과 '함수 호출'이 필요합니다. 함수 선언은 함수 호출시에 실행될 명령문들을 정의하는 것입니다. 함수 호출은 함수를 실행시키는 것을 의미합니다. 함수 선언은 다음과 같은 형식으로 기술합니다.

```
function 함수이름(인수들) {
    실행될 명령문들;
}
```

함수 호출은 다음과 같은 형식으로 기술합니다.

```
함수이름(인수들);
```

값에 따라서 실행되는 문장이 달라집니다!

다음은 함수를 사용할 소스 코드입니다.

▶ ja05_1.html

```
<!DOCTYPE html>
<html>
<body>
<script>

function greeting(){ // 01
  document.write("가입이 완료되었습니다!<br>");
  document.write("다시 로그인 하세요.<br>");
  document.write("많은 이용 부탁드립니다!");
} // 02

document.write("다음은 함수에 의해 출력되었습니다.<br><br>"); // 03
greeting(); // 04

</script>
</body>
</html>
```

실행 결과

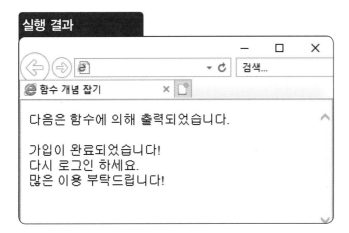

▣ 소스 코드 해설

01-02 라인은 함수를 선언한 것이며, 04 라인은 함수를 호출한 것입니다. 함수 선언은 실행될 명령문 블록을 정의해놓는 것입니다. 함수 선언만으로는 함수가 실행되지 않습니다.

함수는 함수 호출에 의해 실행됩니다. 소스 코드를 보면 01-02 라인의 함수 선언이 제일 앞에 기술되어 있습니다. 그러나 실제 실행되는 순서는 03 라인이 제일 먼저 실행되고, 그 이후 04 라인의 함수 호출에 의해 01-02 라인의 함수가 실행되었습니다. 함수의 특징을 정리해보면 다음과 같습니다.

❶ 함수 선언은 function으로 시작하며 그 뒤에 함수이름을 기술하고 ( ) 안에 인수를 기술하되, 인수가 없는 경우에는 빈 괄호를 기술합니다.

❷ 함수는 함수를 호출했을 때 실행되며, 함수 호출은 '함수이름( )'으로 기술합니다.

사실 'ja05_1.html'은 함수 선언 없이 03 라인 다음에 그냥 3개의 출력문을 기술해도 됩니다. 하지만 함수를 한 번 선언하면 소스 코드 내 어디서나 greeting( ); 함수를 호출하여 3개의 명령문을 기술한 효과를 얻을 수 있습니다. 함수를 사용하는 이유는 이와 같이 반복되는 명령문을 줄여 보다 간결하게 소스 코드를 기술하기 위함입니다.

참고하세요

함수 선언은 함수 호출문 이후에 기술되어 있어도 되지만 대부분 함수 선언은 프로그램의 앞쪽에 기술합니다.

PROGRAMMING

인수를 사용하는 함수

함수에게 인수(값)를 넘겨주어 함수를 호출할 때마다 다른 결과를 얻을 수 있습니다.
인수를 사용하는 다음의 소스 코드를 보겠습니다.

▶ ja05_2.html

```
<!DOCTYPE html>
<html>
<head>
<script>

function cal(op1, op2){ // 01
  document.write("op1 + op2 = " + (op1+op2));
  document.write("<br>op1 - op2 = " + (op1-op2));
  document.write("<br>op1 * op2 = " + (op1*op2));
  document.write("<br>op1 / op2 = " + (op1/op2));

} // 02
</script>
</head>

<body>
<script>

cal(10,5); // 03
document.write("<br><br>");

cal(20,10); // 04
```

```
</script>
</body>
</html>
```

실행 결과

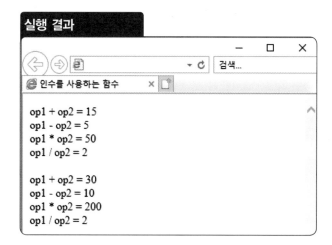

```
op1 + op2 = 15
op1 - op2 = 5
op1 * op2 = 50
op1 / op2 = 2

op1 + op2 = 30
op1 - op2 = 10
op1 * op2 = 200
op1 / op2 = 2
```

소스 코드 해설

여기서는 함수 선언은 〈head〉 섹션에서, 함수 호출은 〈body〉 섹션에서 했습니다.
함수 선언과 함수 호출을 분리하여 작성해도 됩니다.

01: 함수를 선언하는데 괄호 안에 2개의 인수인 op1, op2를 기술했으며 함수 선언할
때 기술된 인수를 '가인수(또는 형식 인수)'라고 합니다. 이 인수들은 함수 호출에서
넘겨주는 값을 기억하게 됩니다.

02: 함수 선언의 끝을 표시합니다. 이 함수는 4개의 출력문으로 구성됩니다.

03: 함수를 호출하면서 10과 5를 함수에게 넘겨줍니다. 함수 호출에 기술된 이 인수
들은 '실인수'라고 합니다. 함수는 이 값들을 가인수인 op1과 op2가 넘겨 받아 함수
내의 명령문들을 처리합니다.

04: 다시 함수를 호출하되 이번에는 20과 10을 함수에게 넘겨줍니다.

이와 같이 인수를 활용하면 함수의 활용도가 높아집니다.

결과 값을 반환하는 함수

함수 선언에서 return 문을 사용하면 함수가 실행된 결과 값을 함수를 호출한 라인으로 돌려줄 수 있습니다. 다음의 소스 코드를 살펴보겠습니다.

▶ ja05_3.html

```
<!DOCTYPE html>
<html>
<head>
<script>

function hap(op1, op2){ // 01
  return op1+op2;  // 02
} // 03

function gop(op1, op2){ // 04
  var imsi = op1*op2; // 05
  return imsi; // 06
}

</script>
</head>

<body>
<script>

var res; // 07
```

```
res = hap(10,20); // 08
document.write(res + "<br>"); // 09

res = gop(10,20); // 10
document.write(res); // 11

</script>
</body>
</html>
```

실행 결과

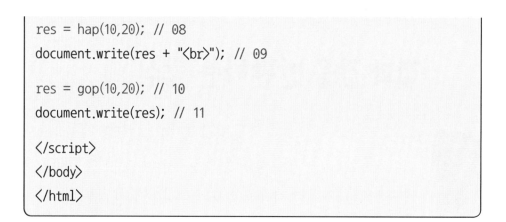

결과 값을 반환하는 함수

```
30
200
```

🖥 소스 코드 해설

이 소스 코드는 2개의 함수를 사용하였습니다. 소스 코드에서 hap 함수가 실행되는 순서를 살펴보겠습니다.

❶ 07 라인에서 변수 res를 선언합니다.

❷ 08 라인에서 hap 함수를 호출하면서 실인수인 10, 20을 hap 함수에게 넘겨줍니다.

❸ 01 라인의 hap 함수는 가인수인 op1에 10, op2에 20을 기억시킵니다.

❹ 02 라인에서 덧셈이 실행된 후 return 문에 의해 덧셈의 결과 값이 이 함수를 호출한 08 라인으로 되돌려져서 res 변수에 저장됩니다.

❺ 09 라인에서 res 변수 값을 출력합니다.

gop 함수도 동일한 과정을 거쳐 실행됩니다. 그러나 hap 함수와 달리 05-06 라인에서 알 수 있듯이 연산을 한 후 그 결과를 imsi라는 변수에 저장하고, 그 imsi 변수의 값을 10 라인으로 돌려주고, imsi 변수의 값이 res 변수에 할당됩니다. 이렇게 return 문에 식이 아닌 변수나 상수를 기술해도 됩니다. 연습 삼아 다음의 소스 코드를 분석해보기 바랍니다. 함수 선언에서 if 문을 사용했을 뿐 앞의 소스 코드와 크게 다른 점은 없습니다.

▶ ja05_4.html

```
<!DOCTYPE html>
<html>
<head>
<script>

function cal(op, op1, op2){

   if (op=="+") return op1+op2;
   else if (op=="-") return op1-op2;
   else if (op=="*") return op1*op2;
   else return op1/op2;

}

</script>
</head>
<body>
<script>

var res;

res = cal("+", 10, 5);
document.write("op1 + op2 = " + res + "<br>");

res = cal("-", 10, 5);
document.write("<br>op1 - op2 = " + res + "<br>");
```

```
res = cal("*", 10, 5);
document.write("<br>op1 * op2 = " + res + "<br>");

res = cal("/", 10, 5);
document.write("<br>op1 / op2 = " + res);

</script>
</body>
</html>
```

실행 결과

결과 값을 반환하는 함수

op1 + op2 = 15

op1 - op2 = 5

op1 * op2 = 50

op1 / op2 = 2

자바스크립트 내장 함수 사용하기

앞서 배운 함수는 사용자가 직접 만든 함수라는 의미에서 사용자 정의 함수라고 합니다. 반면, 자바스크립트 내장 함수는 미리 만들어져 있어서 우리가 함수 호출문만 작성해 사용할 수 있습니다. 비록 자바스크립트는 다른 프로그래밍 언어에 비해 내장 함수를 많이 제공하지 않지만 다음 장부터 배울 '객체'가 함수처럼 손쉽게 호출해 사용할 수 있는 많은 기능(객체에서는 메소드라고 합니다.)을 가지고 있습니다.

자주 사용하는 자바스크립트의 내장 함수는 다음과 같습니다.

함수	기능
isNaN( )	인수가 숫자가 아니면 true, 숫자이면 false를 반환한다.
parseInt( )	정수 문자를 정수로 변환한다.
parseFloat( )	실수 문자를 실수로 변환한다.
evel( )	문자열로 구성된 식을 계산하여 결과를 돌려준다.

내장 함수를 사용하는 다음의 소스 코드를 보겠습니다.

▶ ja05_5.html

```
<!DOCTYPE html>
<html>
<body>
<script>

var num = "abc";
```

```javascript
if (isNaN(num)) // 01
    document.write("num은 문자를 기억합니다.");

else
    document.write("num은 숫자를 기억합니다.");

num = "4";
document.write("<br>num+1="); // 02
document.write(parseInt(num)+1); // 03

num = "4.5";
document.write("<br>num+1="); // 03
document.write(parseFloat(num)+1); // 04

num = "3+3+3";
document.write("<br>3+3+3="); // 05
document.write(eval(num)); // 06

</script>
</body>
</html>
```

실행 결과

```
자바스크립트 내장 함수 사    ×

num은 문자를 기억합니다.
num+1=5
num+1=5.5
3+3+3=9
```

🔳 소스 코드 해설

01: 현재 num 변수는 문자열을 기억하고 있으므로 if 문의 조건식은 true가 됩니다. isNaN( ) 함수는 자체적으로 true나 false 값을 반환하므로 비교식을 사용할 필요가 없습니다.

02-03: num 변수는 현재 문자열을 기억하고 있습니다. 그 문자열을 정수로 변환하여 연산을 했습니다.

04-05: num 변수는 현재 문자열을 기억하고 있습니다. 그 문자열을 실수로 변환하여 연산을 했습니다.

06-07: num 변수는 현재 문자열을 기억하고 있습니다. 그 문자열을 식으로 변환하여 연산을 했습니다.

참고하세요

지금까지 키보드 입력이 필요할 때마다 prompt( ) 명령문을 사용하였습니다. 그 동안 단순히 명령문이라고 했지만 함수를 배우고 나니 prompt( )가 함수로 보입니다. 함수는 뒤에 괄호가 있고 괄호 안에 인수를 기술하는데 prompt( )는 그 문법에 딱 들어맞지만 prompt( )는 다음 장부터 배울 객체의 메소드입니다. window 객체의 메소드이며, window.prompt( )로 기술하는 것이 완전한 형식입니다. 다음 장에서 객체를 배울 때 자세히 알아보겠습니다.

전역 변수와 지역 변수 사용하기

함수를 사용하는 경우 변수의 생존 기간에 조심해야 합니다. 일반적으로 변수는 프로그램이 실행되는 동안 컴퓨터 메모리 내에 계속 존재하며 프로그램의 실행이 끝나면 사라집니다. 그러나 함수를 사용할 때는 약간 다른 면이 있습니다.

함수 내부에서 선언된 변수는 함수의 실행이 끝나면 사라지는데 이러한 변수를 지역 변수(local variable)이라고 합니다.

반면에 함수 외부에서 선언된 변수는 프로그램의 실행이 전부 끝나면 사라지는데 이러한 변수를 전역 변수(global variable)이라고 합니다.

다음의 소스 코드는 지역 변수를 사용한 예를 보여줍니다.

▶ ja05_6.html

```
<!DOCTYPE html>
<html>
<head>
<script>

function add() {
  var counter = 0; // 01
  return counter += 1; // 02
}

</script>
</head>
```

```
<body>
<script>

document.write(add() + "<br>"); // 03
document.write(add() + "<br>");
document.write(add() + "<br>"); // 04

</script>
</body>
</html>
```

실행 결과

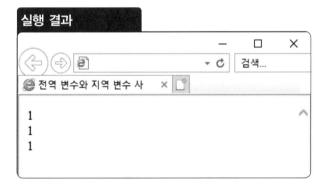

🔲 소스 코드 해설

01: add( ) 함수 내부에서 counter 변수를 선언했습니다. 이 변수는 지역 변수이기 때문에 add( ) 함수의 실행이 시작되면 생겼다가 add( ) 함수의 실행이 끝나면 사라집니다.

02: counter 변수의 값을 1 증가시켜서 함수를 호출한 곳으로 돌려줍니다.

03-04: add( ) 함수를 3번 호출하고 있으나 결과 값은 항상 1입니다. 왜냐하면 함수가 호출될 때마다 counter 변수가 생겼다가 함수를 벗어나면 없어지기 때문에

counter 변수의 값이 계속 증가하지 않는 것입니다.

counter 변수 값을 계속 증가시키려면 다음과 같이 코드를 수정해서 counter 변수를 함수 외부에서 선언하여 전역 변수로 만들면 됩니다.

```
var counter = 0;  // 01
function add() {
    return counter += 1;  // 02
}
```

요점 정리

- '함수'는 '일정한 기능(function)을 가진 프로그램 조각'을 의미하며 기본적으로 동일한 소스 코드의 반복을 줄이기 위해 사용합니다.
- 함수를 사용하기 위해서는 '함수 선언'과 '함수 호출'이 필요합니다. 함수 선언은 실행될 명령문들을 기술하는 것이며, 함수 호출은 함수를 실행시키는 것을 의미합니다.
- 함수 선언은 다음과 같은 형식으로 기술합니다.

  function 함수이름(인수들) {
    실행될 명령문들;
  }

- 함수 호출은 다음과 같은 형식으로 기술합니다.

  함수이름(인수들);

- 함수 선언은 funtion으로 시작하며 그 뒤에 함수 이름을 기술하고 ( ) 안에 인수를 기술하되, 인수가 없는 경우에는 빈 괄호를 기술합니다.
- 함수는 함수를 호출했을 때 비로소 실행되며, 함수 호출은 '함수이름( )'과 같이 기술합니다.

PROGRAMMING

- 함수에게 인수(값)를 넘겨주어 함수 호출 때마다 다른 결과를 얻을 수 있습니다.
- 함수 호출에 기술한 인수를 실인수라고 하고, 함수 선언에 기술한 인수를 가인수라고 합니다.
- 함수 선언에서 return 문을 사용하면 함수가 실행된 결과 값을 함수를 호출한 라인으로 돌려줄 수 있습니다.
- return 문에는 식, 변수, 상수를 기술할 수 있습니다.
- 사용자가 직접 만든 함수를 사용자 정의 함수라 합니다. 반면, 자바스크립트 내장 함수는 미리 만들어져 있어서 함수 호출문만 작성해 사용할 수 있습니다.
- 자주 사용하는 자바스크립트의 내장 함수는 다음과 같습니다.

함수	기능
isNaN( )	인수가 숫자가 아니면 true, 숫자이면 false를 반환한다.
parseInt( )	정수 문자를 정수로 변환한다.
parseFloat( )	실수 문자를 실수로 변환한다.
evel( )	문자열로 구성된 식을 계산하여 결과를 돌려준다.

- 전역 변수는 프로그램의 실행이 전부 끝나면 없어집니다. 반면에 지역 변수는 함수 내부에 선언된 변수로서 함수의 실행이 끝나면 없어집니다.

Chapter

6

코딩 첫걸음 시리즈

Java
Script

기본적으로 알아야 할 것들

객체 개념 잡기

자바스크립트는 객체 지향 프로그래밍(Object Oriented Programming; OOP) 언어입니다. 그래서 자바스크립트에서는 거의 모든 것이 객체(object)라고 할 수 있습니다. 그동안 프로그램에서 사용한 숫자, 문자열, 논리값, 배열, 함수 등도 모두 객체입니다. 우리가 작성하는 웹 문서(document)도, 웹 문서 내의 태그도, 입력상자도 모두 객체입니다. 또한 자바스크립트와 브라우저가 제공하지만 숨어있는 객체들도 있습니다.

숫자는 숫자이고,
문자열은 문자열이지...
갑자기 그런 것들이 모두
객체라고?

지금부터가
자바스크립트 2탄입니다!
자바스크립트가 얼마나 편한지
알게 될 것입니다.

일단 객체를 사용하는 다음의 소스 코드부터 보겠습니다.

▶ ja06_1.html

```
<!DOCTYPE html>
<html>
<title>객체 개념 잡기</title> // 01
```

```
<body>
<script>

var str = "ABCDEF";
document.write(str.length + "<br>");  // 02
document.write("ABCDEF".length + "<br>") // 03

var num = 3.14159;
document.write(num.toFixed(2) + "<br>");  // 04
document.write(3.14159.toFixed(2) + "<br>");  // 05

document.write(screen.height + "<br>"); // 06
document.write(screen.width + "<br>");    // 07

document.write(document.title); // 08

</script>
</body>
</html>
```

실행 결과

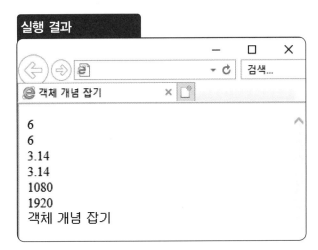

```
6
6
3.14
3.14
1080
1920
객체 개념 잡기
```

소스 코드 해설

02: `str.length`는 `str` 객체의 길이를 출력합니다. 이때 `length`는 프로퍼티입니다.

03: `"ABCDEF".length`는 문자열 객체 `"ABCDEF"`의 길이를 출력합니다. 이때 `length`는 프로퍼티입니다.

04: `num.toFixed(2)`는 `num` 객체를 소수점 이하 2자리까지만 출력합니다. 이때 `toFixed()`는 메소드입니다.

05: `3.14159.toFixed(2)`는 숫자 객체 3.14159를 소수점 이하 2자리까지만 출력합니다. 이때 `toFixed()`는 메소드입니다.

06: `screen.height`는 현재 사용하는 화면 객체의 높이를 출력합니다. 이때 `height`는 프로퍼티입니다.

07: `screen.width`는 현재 사용하는 화면 객체의 넓이를 출력합니다. 이때 `width`는 프로퍼티입니다.

08: `document.title`은 현재 문서의 제목을 출력합니다. 이때 `title`은 프로퍼티입니다.

앞의 예제를 보면서 객체를 정리하면 다음과 같습니다.

❶ 객체는 프로퍼티와 메소드를 사용할 수 있습니다.

❷ 프로퍼티는 값이며 다음과 같이 사용합니다.

　　객체.프로퍼티

❸ 메소드는 해당 객체의 전용 함수이며 다음과 같이 사용합니다.

　　객체.메소드()

❹ 메소드 뒤에는 괄호가 있습니다.

❺ `screen`, `document`처럼 이미 만들어져 있는 객체들이 있습니다.

객체를 본 첫 느낌이 어떠가요? 아주 편리하다는 느낌이 들지 않나요?

프로퍼티와 메소드를 사용하면 단순한 숫자나 문자열에 대해서도 간결한 형태로 많은 정보를 알 수 있고, 다양한 작업을 할 수 있습니다. 또한 screen, document와 같은 객체를 사용하면 하드웨어나 웹 문서에 대한 정보도 간단하게 얻을 수 있습니다.

객체는 프로그램 작성의 효율을 높이기 위해서 등장한 기법입니다. 프로그램 상에서 조작이나 처리가 필요한 대상(객체, object)들을 구분하고, 그 대상들에 프로퍼티나 메소드를 제공해서 프로그래머가 일일이 소스 코드를 작성하지 않고도 다양한 작업을 할 수 있게 한 것입니다.

예를 들어 문자열의 경우, 단순히 메시지를 표시하는 텍스트로만 사용할 때는 일반 문자열(string)로 사용합니다. 그러나 문자열을 가공하거나 변형해야 하는 경우에는 '문자열.프로퍼티'나 '문자열.메소드( )'를 사용해서 작업할 수 있으며 이 때 문자열은 객체로 변환됩니다.

참고하세요

기본적으로 숫자는 number 형이고 문자열은 string 형입니다. 그런데 이들을 객체로 즉, 객체형(object type)으로 변환하기 위해서 다음과 같이 new라는 키워드를 사용할 수도 있습니다.

```
var num = new Number(3.14159);
var str  = new String("ABCDE");
```

이렇게 하면 변수 num과 str은 객체형이 되며 이 변수들에 프로퍼티나 메소드를 사용할 수 있습니다. 그러나 앞서 본 예제와 같이 new 키워드를 사용하지 않아도 숫자나 문자열에 직접 점(.)을 붙이고 프로퍼티나 메소드를 사용하면 자동으로 숫자나 문자열이 객체형으로 전환되므로 꼭 필요한 경우가 아니면 new 키워드를 사용하지 않는 것이 좋습니다. new 키워드를 사용하면 문서가 메모리에 로딩(loading)되는 시간이나 처리 속도가 늦어지는 단점이 있기 때문입니다.

문자열 객체 사용하기

문자열 객체의 주요 프로퍼티와 메소드는 다음과 같습니다.

프로퍼티	기능
length	문자열의 길이를 반환한다.

메소드	기능
charAt( )	문자열 내 특정 위치의 문자를 반환한다.
concat( )	2개 이상의 문자열을 결합한다.
indexOf( )	문자열 내 첫번째 특정 문자의 위치 값을 반환한다.
replace( )	특정 문자열을 다른 문자열로 대치한다.
split( )	하나의 문자열을 여러 개의 문자열로 분할한다.
substr( )	특정 위치부터 특정 개수의 문자열을 추출한다.
toLowerCase( )	문자열을 소문자로 변환한다.
toUpperCase( )	문자열을 대문자로 변환한다.

다음의 소스 코드를 통해 좀 더 프로퍼티와 메소드를 살펴보겠습니다.

▶ ja06_2.html

```
<!DOCTYPE html>
<html>
<body>
<script>

var str = "ABC DEF";
```

```
document.write(str.length + "<br>");  // 01
document.write(str.charAt(1) + "<br>"); // 02
document.write(str.replace("ABC", "XYZ") + "<br>"); // 03
document.write(str.split(" ") + "<br>"); // 04
document.write(str.substr(1,3) + "<br>"); // 05
document.write(str.toLowerCase() + "<br>"); // 06

</script>
</body>
</html>
```

실행 결과

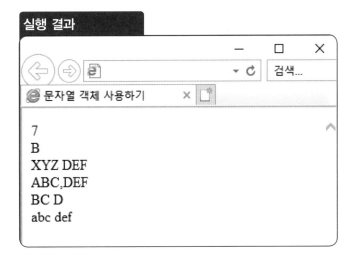

```
7
B
XYZ DEF
ABC,DEF
BC D
abc def
```

📟 소스 코드 해설

01: length 프로퍼티를 사용하여 문자열의 길이를 출력합니다. 문자열 내의 공백 문자까지 포함해서 결과는 7입니다.

02: 인덱스 1번 문자를 출력합니다. 인덱스는 0번부터 시작되므로 1번은 두 번째 문자를 의미합니다.

03: 'ABC' 대신 'XYZ'로 바꾸어 출력합니다.

04: 공백 문자를 기준으로 2개의 문자열로 나눕니다.

05: 1번부터 4번까지의 문자를 출력합니다. 인덱스는 0번부터 시작되고 공백도 하나의 문자입니다.

06: 문자열을 소문자로 변환하여 출력합니다. toUpperCase( )를 사용하면 반대로 소문자를 대문자로 바꿀 수 있습니다.

숫자 객체 사용하기

숫자 객체는 알아둘 만한 프로퍼티가 많지 않지만 주요 메소드는 다음과 같습니다.

메소드	기능
toExponential( )	숫자를 지수 형식으로 변환한다.
toFixed( )	소수 이하 자릿 수를 지정하며 잘리는 부분은 반올림이 된다.
toPrecision( )	전체 자릿 수를 지정하며 잘리는 부분은 반올림이 된다.

다음의 소스 코드를 통해 이 메소드를 자세히 알아봅시다.

▶ ja06_3.html

```
<!DOCTYPE html>
<html>
<body>
<script>

var str = 123.456;

document.write(str.toExponential() + "<br>"); // 01
document.write(str.toExponential(2) + "<br>"); // 02
document.write(str.toFixed(1) + "<br>"); // 03
document.write(str.toPrecision(4) + "<br>"); // 04

</script>
</body>
</html>
```

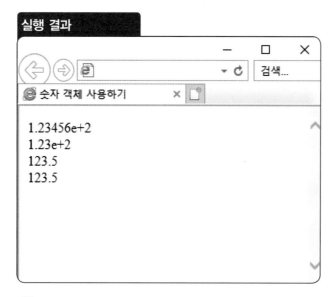

실행 결과

숫자 객체 사용하기

1.23456e+2
1.23e+2
123.5
123.5

소스 코드 해설

01: 숫자를 지수형식으로 출력합니다.

02: 숫자를 지수형식으로 출력합니다. 01 라인과 달리 소수점 이하 자릿수를 지정하였습니다.

03: 소수점 이하 자릿수를 지정하여 잘리는 부분은 반올림되어 출력됩니다.

04: 전체 자릿수를 지정하여 잘리는 부분은 반올림되어 출력됩니다.

배열 객체 사용하기

배열 객체에 사용하는 주요 프로퍼티와 메소드는 다음과 같습니다.

프로퍼티	기능
length	배열의 크기를 반환한다.

메소드	기능
concat( )	2개 이상의 배열을 하나로 합친다.
indexOf( )	배열 내 특정 요소의 인덱스를 구한다.
pop( )	배열 내 마지막 요소를 삭제한다.
push( )	배열의 제일 뒤에 새로운 요소를 추가한다.
reverse( )	배열 내 요소들을 역순으로 정렬한다.
sort( )	배열 내 요소들을 오름차순으로 정렬한다.

다음의 소스 코드를 통해 이 프로퍼티와 메소드를 더 자세히 알아봅시다.

▶ ja06_4.html

```html
<!DOCTYPE html>
<html>
<body>
<script>
var arr1 = ["Banana", "Lemon", "Apple"];
var arr2 = ["119", "112", "114"];
var arr3 = [10, 5, 1, 100, 80];

document.write(arr1.length + "<br>"); // 01
document.write(arr2.length + "<br>");
```

```javascript
document.write(arr3.length + "<br>"); // 02

var res = arr1.concat(arr2); //03
document.write(res + "<br>");
document.write(res.indexOf("112") + "<br>"); // 04

arr1.pop(); // 05
document.write(arr1 + "<br>");

arr1.push("Orange"); // 06
document.write(arr1 + "<br>");

document.write(arr1.reverse() + "<br>"); // 07
document.write(arr1.sort() + "<br>"); // 08

arr3.sort(function(a, b){return a-b}); // 09
document.write(arr3 + "<br>");

</script>
</body>
</html>
```

실행 결과

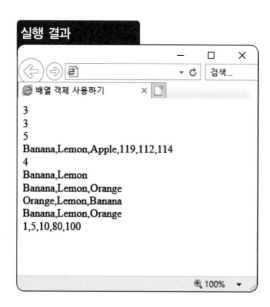

```
3
3
5
Banana,Lemon,Apple,119,112,114
4
Banana,Lemon
Banana,Lemon,Orange
Orange,Lemon,Banana
Banana,Lemon,Orange
1,5,10,80,100
```

📟 소스 코드 해설

01-02: length 프로퍼티로 배열의 크기를 구합니다. 이 프로퍼티를 활용하면 반복문에서 다음과 같은 코딩이 가능합니다.

```
var arr = [10,20,30,40,50];
for (var i=0; i<arr.length; i++){ // 배열의 크기만큼 반복된다.
    ....
}
```

03: 배열 arr1과 arr2를 결합해서 새로운 res 배열을 만듭니다.

04: res 배열에서 "112" 요소의 인덱스를 구합니다. 인덱스는 0부터 시작합니다.

05: arr1 배열의 마지막 요소를 삭제합니다.

06: arr1 배열의 제일 뒤에 "Orange" 요소를 추가합니다.

07: arr1 배열의 요소들을 역순으로 재배치합니다.

08: arr1 배열의 요소들을 오름차순으로 정렬합니다.

09: 숫자 배열의 경우 위와 같은 함수를 sort 메소드의 인수로 기술해야 올바로 정렬됩니다.

참고하세요

배열의 선언도 다음과 같이 new를 사용해서 선언해도 됩니다.

```
var arr1 = new Array("Banana", "Lemon", "Apple");
var arr2 = new Array("119", "112", "114");
var arr3 = new Array(10, 5, 1, 100, 80);
```

하지만 꼭 필요한 경우가 아니면 이런 방식은 피하는 것이 좋습니다.

Math 객체 사용하기

자바스크립트 내부에는 수학 연산을 돕기 위해 Math라는 객체가 제공됩니다. 이 객체가 제공하는 주요 프로퍼티와 메소드는 다음과 같습니다.

프로퍼티	기능
E	오일러 상수 값을 반환한다.
LN2	2의 자연로그 값을 반환한다.
LN10	10의 자연로그 값을 반환한다.
PI	파이 값을 반환한다.
SQRT1_2	1/2의 제곱근 값을 반환한다.
SQRT2	2의 제곱근 값을 반환한다.

메소드	기능
abs()	절대 값을 반환한다.
ceil()	가장 가까운 큰 정수로 반환한다.
floor()	가장 가까운 작은 정수로 반환한다.
max()	제일 큰 값을 반환한다.
min()	제일 작은 값을 반환한다.
random()	0과 1 사이의 난수를 반환한다.
round()	반올림 값을 반환한다.
pow()	누승 값을 반환한다.
sqrt()	제곱근 값을 반환한다.

먼저 Math 객체의 프로퍼티를 사용하는 다음의 소스 코드를 살펴봅시다.

▶ ja06_5.html

```
<!DOCTYPE html>
<html>
<body>
<script>

document.write("오일러 상수 : " + Math.E);
document.write("<br>2의 자연로그 LN2 : " + Math.LN2);
document.write("<br>10의 자연 로그 LN10 : " + Math.LN10);
document.write("<br>주기율 PI : " + Math.PI);
document.write("<br>1/2의 제곱근 : " + Math.SQRT1_2);
document.write("<br>2의 제곱근 : " + Math.SQRT2);

</script>
</body>
</html>
```

실행 결과

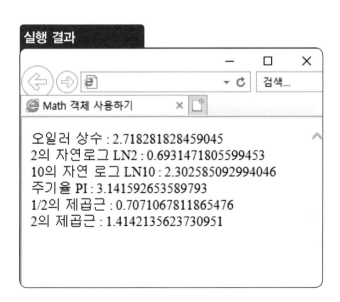

소스 코드 해설

앞의 소스 코드에서 알 수 있듯이 Math 객체의 프로퍼티는 하나의 상수처럼 사용할 수 있어 실행 결과와 같은 형태로 출력됩니다.

이번에는 소스 코드를 통해 math 객체의 주요 메소드를 살펴보겠습니다.

▶ ja06_6.html

```
<!DOCTYPE html>
<html>
<body>
<script>

document.write("10의 절대값 : " + Math.abs(-10));
document.write("<br>큰 정수값 중 제일 작은 값 : " + Math.
ceil(10.32));
document.write("<br>작은 정수값 중 제일 큰 값 : " + Math.
floor(10.32));
document.write("<br>최대값 : " + Math.max(10,20,30,40));
document.write("<br>최소값 : " + Math.min(10,20,30,40));
document.write("<br>0에서 1 사이의 난수 : " + Math.random()) ;
document.write("<br>반올림 값 : " + Math.round(10.6));
document.write("<br>10의 3승 값 : " + Math.pow(10,3));
document.write("<br>9의 제곱근 값 : " + Math.sqrt(9));

</script>
</body>
</html>
```

실행 결과

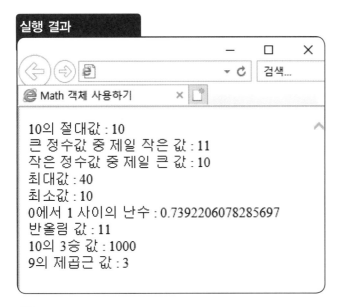

```
10의 절대값 : 10
큰 정수값 중 제일 작은 값 : 11
작은 정수값 중 제일 큰 값 : 10
최대값 : 40
최소값 : 10
0에서 1 사이의 난수 : 0.7392206078285697
반올림 값 : 11
10의 3승 값 : 1000
9의 제곱근 값 : 3
```

소스 코드 해설

위에서 알 수 있듯 Math 객체는 다양한 연산 메소드를 제공하고 있어 실행 결과와
같은 형태로 출력됩니다.

Date 객체 사용하기

Date 객체는 날짜와 시간을 다루는 다양한 방법을 제공하는데 new를 사용해서 새로운 날짜 객체를 생성(construct)해서 사용해야 합니다.

먼저 Date 객체를 사용해서 현재의 날짜와 시간을 출력하는 다음의 소스 코드를 보겠습니다.

▶ ja06_7.html

```
<!DOCTYPE html>
<html>
<body>
<script>

var date_obj = new Date(); // 01

document.write(date_obj); // 02
document.write("<br>");
document.write(Date()); // 03

</script>
</body>
</html>
```

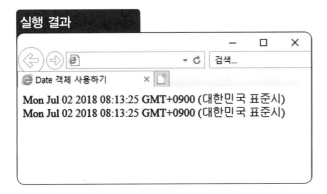

실행 결과

```
Mon Jul 02 2018 08:13:25 GMT+0900 (대한민국 표준시)
Mon Jul 02 2018 08:13:25 GMT+0900 (대한민국 표준시)
```

🖥 소스 코드 해설

01: new Date( )로 새로운 날짜 객체 date_obj를 생성했습니다.

02: date_obj 객체를 출력합니다.

03: 현재의 날짜 정보를 출력만 하려면 함수 형식처럼 Date( )를 기술해도 됩니다.

new 키워드의 의미에 대해서는 뒤에서 설명하겠습니다. 여기서는 Date 객체는 new 로 새로운 객체를 생성해서 사용한다고만 알아 둡시다.

앞의 출력을 보면 날짜와 시간 정보가 다소 복잡하게 출력됩니다. 아직 Date 객체의 메소드를 배우지 않아서 그럴 뿐 얼마든지 간단하게 출력할 수 있습니다.
좀 더 간단하게 정보를 출력하는 다음의 소스 코드를 보겠습니다.

▶ ja06_8.html

```
<!DOCTYPE html>
<html>
<body>
<script>

var date_obj = new Date();

document.write(date_obj.toUTCString()); // 01
document.write("<br>");

document.write(date_obj.toLocaleString()); // 02
document.write("<br>");

document.write(date_obj.toDateString()); // 03

</script>
</body>
</html>
```

실행 결과

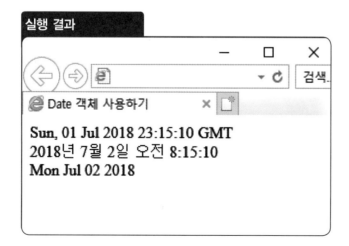

Date 객체 사용하기

Sun, 01 Jul 2018 23:15:10 GMT
2018년 7월 2일 오전 8:15:10
Mon Jul 02 2018

소스 코드 해설

01: toUTCString( ) 메소드를 사용했습니다.

02: toLocaleString( ) 메소드를 사용했습니다.

03: toDateString( ) 메소드를 사용했습니다.

이 3개의 메소드 이외에 잠시 후 배우는 Date 객체의 다른 메소드들을 사용하면 더 다양하게 날짜와 시간을 표현할 수 있습니다.

Date 객체의 생성 형식

단순히 현재의 날짜와 시간 정보가 필요하면 new Date( )나 Date( )를 사용하면 됩니다. 그러나 현재가 아닌 다른 날짜와 시간 정보가 필요하면 다음과 같이 3가지 형식을 사용할 수 있습니다.

```
new Date(밀리초)
new Date(년, 월, 일, 시, 분, 초, 밀리초)
new Date(날짜 문자열)
```

위 형식을 활용한 다음의 소스 코드를 살펴보겠습니다.

▶ ja06_9.html

```
<!DOCTYPE html>
<html>
<body>
<script>
var date_obj = new Date(86400000); // 01

document.write(date_obj);
```

Date 객체 사용하기 **183**

```
document.write("<br>");

date_obj = new Date(2015,06,25,08,30,50,0); // 02
document.write(date_obj);

</script>
</body>
</html>
```

실행 결과

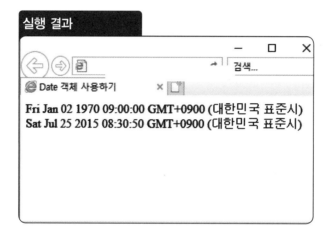

🖥 소스 코드 해설

01: 이 명령문은 1970년 1월 1일 0시부터 86,400,000 밀리초가 지난 시간을 의미합니다. 86,400,000 밀리초는 1일입니다. 그런데 출력을 보면 1970년 1월 2일 0시가 아니라 09시가 표시됩니다. 이것은 대한민국은 GMT(그리니치 평균시)보다 9시간이 빠르기 때문입니다. 이 소스 코드가 실행되는 지역에 따라 지역 표준시가 출력됩니다.

02: '연도'부터 '밀리초'까지 7개의 인수를 지정했습니다. 이 형식은 '년', '월'까지는 반드시 지정해야 하며 나머지 인수는 필요에 따라 생략할 수 있습니다.

이번에는 날짜 문자열을 사용하는 다음의 소스 코드를 보겠습니다.

▶ ja06_10.html

```
<!DOCTYPE html>
<html>
<body>
<script>

var date_obj = new Date("2018-08-08"); // 01
document.write(date_obj + "<br>");

date_obj = new Date("08-08-2018"); // 02
document.write(date_obj + "<br>");

date_obj = new Date("2018/08/08"); // 03
document.write(date_obj + "<br>");

date_obj = new Date("08/08/2018"); // 04
document.write(date_obj + "<br>");

date_obj = new Date("2018 Aug 08"); // 05
document.write(date_obj + "<br>");

date_obj = new Date("Aug 08 2018"); // 06
document.write(date_obj + "<br>");

date_obj = new Date("Sun Aug 08 2018 12:00:00 GMT+0900"); // 07
document.write(date_obj + "<br>");

</script>
</body>
</html>
```

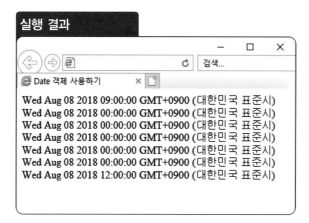

Wed Aug 08 2018 09:00:00 GMT+0900 (대한민국 표준시)
Wed Aug 08 2018 00:00:00 GMT+0900 (대한민국 표준시)
Wed Aug 08 2018 00:00:00 GMT+0900 (대한민국 표준시)
Wed Aug 08 2018 00:00:00 GMT+0900 (대한민국 표준시)
Wed Aug 08 2018 00:00:00 GMT+0900 (대한민국 표준시)
Wed Aug 08 2018 00:00:00 GMT+0900 (대한민국 표준시)
Wed Aug 08 2018 12:00:00 GMT+0900 (대한민국 표준시)

📟 소스 코드 해설

01-02: '–'을 사용해서 날짜를 기술했습니다.

03-04: '/'를 사용해서 날짜를 기술해도 됩니다.

05-06: 월을 August로 완전하게 기술해도 됩니다.

07: 완전한 날짜 형식으로 기술할 수도 있습니다.

Date 객체의 메소드 사용하기

Date 객체는 모든 객체에 제공되는 기본 프로퍼티 이외에 다른 프로퍼티를 제공하지 않습니다. 그러므로 다음 메소드를 활용해 날짜와 시간 정보를 다양한 형태로 출력해 봅시다.

메소드	기능
getFullYear( )	'연도'를 반환한다.(로컬 형식임. GMT 형식은 getUTCFullYear( ) 사용)
getMonth( )	0–11 사이의 '월'을 반환한다.(로컬 형식임. GMT 형식은 getUTCMonth( ) 사용)
getDate( )	1–31 사이의 '일'을 반환한다.(로컬 형식임. GMT 형식은 getUTCDate( ) 사용)

getDay( )	0–6 사이의 '요일' 값을 반환한다.(로컬 형식임. GMT 형식은 getUTCDay( ) 사용)
getHours( )	0–23 사이의 '시간'을 반환한다.(로컬 형식임. GMT 형식은 getUTCHours( ) 사용)
getMinutes( )	0–59 사이의 '분'을 반환한다.(로컬 형식임. GMT 형식은 Minutes( ) 사용)
getSeconds( )	0–59 사이의 '초'를 반환한다.(로컬 형식임. GMT 형식은 getUTCSeconds 사용)
setFullYear( )	'연도'를 설정한다.(로컬 형식임. GMT 형식은 setUTCFullYear( ) 사용)
setMonth( )	0–11 사이의 '월'을 설정한다.(로컬 형식임. GMT 형식은 setUTCMonth( ) 사용)
setDate( )	1–31 사이의 '일'을 설정한다.(로컬 형식임. GMT 형식은 setUTCDate( ) 사용)
setHours( )	0–23 사이의 '시간'을 설정한다.(로컬 형식임. GMT 형식은 setUTCHours( ) 사용)
setMinutes( )	0–59 사이의 '분'을 설정한다.(로컬 형식임. GMT 형식은 setUTCMinutes( ) 사용)
setSeconds( )	0–59 사이의 '초'를 설정한다.(로컬 형식임. Seconds)
toDateString( )	시간을 제외한 날짜 부분만 문자열로 반환한다.(GMT 형식은 toGMTString( ) 사용)
toLocaleString( )	날짜 객체의 형식을 로컬 형식으로 변환한다.
toUTCString( )	날짜 객체의 형식을 GMT 형식으로 변환한다.
getTime( )	1970년 1월 1일 0시 이후 경과 시간을 밀리초 단위로 반환한다.

날짜 객체에서 날짜나 시간을 구하는 get 계열의 메소드를 사용하는 다음의 소스 코드를 보겠습니다.

```
<!DOCTYPE html>
<html>
<body>
<script>

var now = new Date(); // 01

var weekday = []; // 02
weekday[0]= "일요일";
weekday[1] = "월요일";
weekday[2] = "화요일";
weekday[3] = "수요일";
weekday[4] = "목요일";
weekday[5] = "금요일";
weekday[6] = "토요일"; // 03

document.write(now.getFullYear() + "년<br>"); // 04
document.write(now.getMonth()+1 + "월<br>"); // 05
document.write(now.getDate() + "일<br>"); // 06

var wd = now.getDay() // 07
document.write(weekday[wd] + "<br>"); // 08

document.write(now.getHours() + "시<br>"); // 09
document.write(now.getMinutes() + "분<br>"); // 10
document.write(now.getSeconds() + "초<br>"); // 11

</script>
</body>
</html>
```

실행 결과

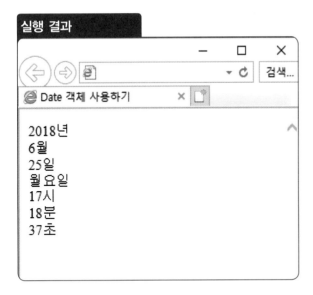

2018년
6월
25일
월요일
17시
18분
37초

🖳 소스 코드 해설

01: 현재의 날짜와 시간 정보를 가진 날짜 객체 now를 만듭니다.

02-03: 요일 이름이 저장된 배열을 만듭니다.

04: 날짜 객체에서 '연도'를 얻습니다.

05: 날짜 객체에서 0(1월) – 11(12월) 사이의 값으로 '월'을 출력합니다.

06: 날짜 객체에서 1-31 사이의 값으로 '일'을 출력합니다.

07: 날짜 객체에서 0(일요일) – 6(토요일) 사이의 값으로 '요일'을 출력합니다.

08: 인덱스를 사용하여 배열에서 해당 요일의 이름을 출력합니다.

09: 날짜 객체에서 0-23 사이의 값으로 '시간'을 출력합니다.

10: 날짜 객체에서 0-59 사이의 값으로 '분'을 출력합니다.

11: 날짜 객체에서 0-59 사이의 값으로 '초'를 출력합니다.

다음의 소스 코드는 날짜나 시간을 설정하는 set 계열의 메소드를 사용합니다.

▶ ja06_12.html

```html
<!DOCTYPE html>
<html>
<body>
<script>

var d = new Date(); // 01

d.setFullYear(2030); // 02
document.write(d.toLocaleString() + "<br>");

d.setMonth(2); // 03
document.write(d.toLocaleString() + "<br>");

d.setDate(22); // 04
document.write(d.toLocaleString() + "<br>");

d.setHours(12); // 05
document.write(d.toLocaleString() + "<br>");

d.setMinutes(13); // 06
document.write(d.toLocaleString() + "<br>");

d.setSeconds(14); // 07
document.write(d.toLocaleString() + "<br>");

</script>
</body>
</html>
```

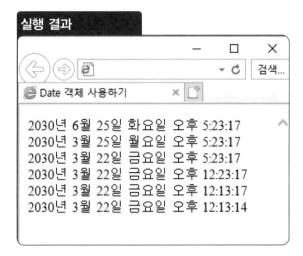

실행 결과

Date 객체 사용하기

```
2030년 6월 25일 화요일 오후 5:23:17
2030년 3월 25일 월요일 오후 5:23:17
2030년 3월 22일 금요일 오후 5:23:17
2030년 3월 22일 금요일 오후 12:23:17
2030년 3월 22일 금요일 오후 12:13:17
2030년 3월 22일 금요일 오후 12:13:14
```

▣ 소스 코드 해설

01: 현재 날짜와 시간 정보를 가진 날짜 객체 d를 만듭니다.

02: 날짜 객체에 연도를 설정합니다.

03: 날짜 객체에 0(1월)-11(12월) 사이의 값을 '월'로 출력합니다.

04: 날짜 객체에 1-31 사이의 값을 '일'로 출력합니다.

05: 날짜 객체에 0-23 사이의 값을 '시간'으로 출력합니다.

06: 날짜 객체에 0-59 사이의 값을 '분'으로 출력합니다.

07: 날짜 객체에 0-59 사이의 값을 '초'로 출력합니다.

getTime( ) 메소드를 응용하면 다음과 같이 소스 코드의 실행되는데 소요된 시간을 측정할 수 있습니다.

▶ ja06_13.html

```
<!DOCTYPE html>
<html>
<body>
```

```
<script>

var d = new Date(); // 01

var start = d.getTime(); // 02

for (var i=1; i<=1000; ++i){ // 03
  for (var j=1; j<=1000; ++j){
  }
} // 04

var d = new Date(); // 05

var end = d.getTime(); // 06

document.write("실행시간 : " + (end-start)/1000 + "초"); // 07

</script>
</body>
</html>
```

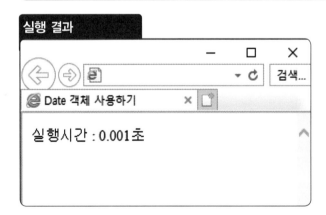

실행 결과

Date 객체 사용하기

실행시간 : 0.001초

🖳 소스 코드 해설

01-02: 현재의 날짜와 시간을 가지고 있는 날짜 객체를 만들고 그 날짜 객체의 밀리초 값을 구해서 start 변수에 저장합니다. 밀리초 값은 1970년 1월 1일 0시 이후 01 라인의 명령문이 실행되는 시점까지 경과한 시간을 1/1000초 단위로 표시한 것입니다.

03-04: for 반복문을 1000×1000번 실행합니다.

05-06: for 반복문이 모두 끝난 후 다시 한번 현재의 날짜와 시간을 가지고 있는 날짜 객체를 만들고 그 날짜 객체의 밀리초 값을 구해서 end 변수에 저장합니다.

07: end 변수의 값과 start 변수의 값의 차이가 for 반복문의 실행에 소요된 시간입니다. 이 시간은 밀리초이므로 1000으로 나누어야 우리가 일상적으로 사용하는 초 단위의 시간을 얻을 수 있습니다.

나만의 객체 만들기

자바스크립트에서는 모든 것이 객체라고 했으며 객체에는 프로퍼티와 메소드가 제공된다고 했습니다. 지금까지 숫자 객체, 문자열 객체, 배열 객체와 자바스크립트가 제공하는 Math와 Date 객체까지 살펴보았습니다.

그외에 논리값도 함수도 객체이지만 이들을 객체로 활용하는 예는 드물기 때문에 이에 대해서는 설명을 생략했을 뿐 이들도 모두 객체이고 따라서 이들에게도 프로퍼티와 메소드가 제공됩니다.

그러나 모든 객체가 반드시 프로퍼티와 메소드를 둘다 가져야 하는 것은 아닙니다. 객체는 프로퍼티만 있을 수도 있고, 프로퍼티와 메소드가 둘다 있을 수도 있습니다.

프로퍼티만 있는 객체 만들기

프로퍼티만 있는 객체는 다음과 같은 형식으로 만듭니다.

　　　var 객체명 = { 프로퍼티1:값1, 프로퍼티2:값2, … };

프로퍼티만 있는 객체를 만들고 사용하는 다음의 소스 코드를 보겠습니다.

▶ ja06_14.html

```
<!DOCTYPE html>
<html>
<body>
<script>

var sale = { // 01
```

```
   product : "phone",
   count   : 5,
   price   : 500000
}; // 02

document.write("상품 : " + sale.product + "<br>"); // 03
document.write("수량 : " + sale.count + "<br>");
document.write("가격 : " + sale.price  + "<br>" ); // 04

document.write("<br>" );

document.write("상품 : " + sale["product"] + "<br>"); // 05
document.write("수량 : " + sale["count"] + "<br>");
document.write("가격 : " + sale["price"]  + "<br>" ); // 06

</script>
</body>
</html>
```

실행 결과

```
나만의 객체 만들기

상품 : phone
수량 : 5
가격 : 500000

상품 : phone
수량 : 5
가격 : 500000
```

소스 코드 해설

01-02: sale이라는 객체를 선언하고 있으며 다음과 같이 한줄에 기술해도 됩니다.

```
var sale = { product : "phone", count : 5, price : 500000 };
```

중괄호 안에 '프로퍼티:값'의 쌍으로 기술하며, 각 쌍은 콤마로 구분합니다.

03-04: sale 객체의 프로퍼티를 사용하고 있습니다.

05-06: 객체 ["프로퍼티"] 형식으로 사용할 수도 있습니다.

변수는 한 개의 값만을 저장할 수 있습니다. 그러나 객체는 여러 개의 값을 저장할 수 있으며, 그래서 배열도 원래 객체입니다. 앞서 배열을 배울 때 아직 객체를 배우지 않았기 때문에 말없이 지나왔을 뿐 배열은 객체입니다.

 참고하세요

좋은 방법은 아니지만 01-02 라인은 다음과 같이 기술해도 됩니다.

```
var sale = new Object();
sale.product = "phone";
sale.count  = 5;
sale.price  = 500000;
```

for...in 문 사용하기

객체는 여러 개의 값을 가지고 있기 때문에 다음과 같이 for...in 문을 사용하면 간단하게 모든 프로퍼티의 값을 활용할 수 있습니다.

▶ ja06_15.html

```
<!DOCTYPE html>
<html>
```

```
<body>
<script>

var sale = {
  product : "phone",
  count   : 5,
  price   : 500000
};

for (x in sale) { // 01
  document.write(sale[x] + "<br>"); // 02
} // 03

</script>
</body>
</html>
```

실행 결과

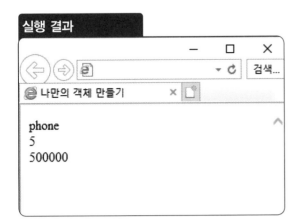

🖳 소스 코드 해설

01-03 라인과 같이 기술하면 sale 객체 내의 모든 프로퍼티의 값을 지정할 수 있으

며 02 라인에서 프로퍼티의 값을 지정할 때 반드시 sale[x]와 같이 기술해야 합니다. x가 인덱스로 사용됩니다. 이때, sale.x와 같이 기술하지 않도록 주의합니다.

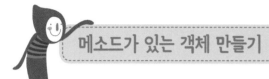

메소드가 있는 객체 만들기

메소드는 객체 내부에 정의되어 있는 함수입니다.
메소드를 직접 정의하고 있는 다음의 소스 코드를 살펴보겠습니다.

▶ ja06_16.html

```html
<!DOCTYPE html>
<html>
<body>
<script>
var sale = {
  product : "phone",
  count   : 5,
  price   : 500000,
  pay : function(){ // 01
          return sale.count*sale.price;
      } // 02
};

document.write("상품 : " + sale.product + "<br>");
document.write("수량 : " + sale.count + "<br>");
document.write("가격 : " + sale.price  + "<br>" );
document.write("금액 : " + sale.pay()); // 03

</script>
```

```
</body>
</html>
```

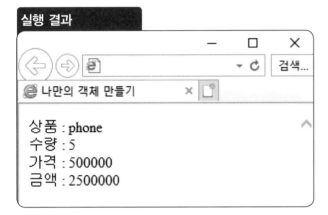

실행 결과

나만의 객체 만들기

상품 : phone
수량 : 5
가격 : 500000
금액 : 2500000

📟 소스 코드 해설

01-02: 메소드는 function( ) {...}으로 정의하며 프로퍼티 이름이 곧 메소드 이름이
됩니다. 여기서는 함수 내에서 실행되는 명령문이 return 문 하나뿐이며 수량과 가
격을 곱한 값을 반환하고 있습니다. 함수 내에서 실행할 명령문이 여러 개인 경우는
{...} 사이에 추가적으로 기술하면 됩니다. 이렇게 간단할 때는 다음과 같이 1개의 라
인에 기술해도 됩니다.

```
pay : function(){ return sale.count*sale.price;}
```

03: 객체 내에 정의된 메소드를 사용하여 '금액'을 출력합니다.

객체 원형(prototype) 사용하기

앞선 방법으로는 하나의 객체만을 만들 수 있습니다. 동일한 구조를 가진 객체들
이라면 매번 각각의 객체를 만들지 않고 객체 원형을 선언해두고 그 원형을 이용해

서 여러 개의 객체를 만들어 낼 수 있습니다. 객체 원형은 생성자 함수(constructor function)를 이용해서 만듭니다.

다음의 소스 코드를 보겠습니다.

▶ ja06_17.html

```
<!DOCTYPE html>
<html>
<body>
<script>

function sale(product, count, price) { // 01
  this.product = product;
  this.count = count;
  this.price = price;
  this.pay = function(){
          return this.count*this.price;
       }
}; // 02

var sale1 = new sale("phone", 3, 500000); // 03
document.write("상품 : " + sale1.product + "<br>"); // 04
document.write("수량 : " + sale1.count + "<br>");
document.write("가격 : " + sale1.price  + "<br>" );
document.write("금액 : " + sale1.pay()+ "<br>"); // 05

document.write("<br>");

var sale2 = new sale("tablet", 2, 800000); // 06
document.write("상품 : " + sale2.product + "<br>"); // 07
document.write("수량 : " + sale2.count + "<br>");
```

```
document.write("가격 : " + sale2.price  + "<br>" );
document.write("금액 : " + sale2.pay()); // 08

</script>
</body>
</html>
```

실행 결과

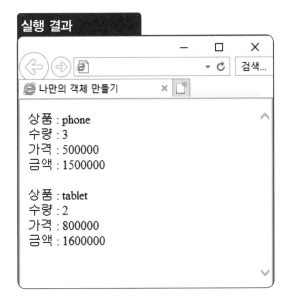

상품 : phone
수량 : 3
가격 : 500000
금액 : 1500000

상품 : tablet
수량 : 2
가격 : 800000
금액 : 1600000

▣ 소스 코드 해설

01-02: sale이라는 생성자 함수를 선언합니다. 이 생성자 함수는 객체를 생성하는(만
드는) 원판(원형, prototype) 역할을 합니다. 이 원판을 이용해서 객체를 생성하는
작업은 03, 06 라인에서 합니다. 생성자 함수에서 프로퍼티를 정의할 때는 'this.프
로퍼티 이름' 형식으로 기술해야 하며, 이 프로퍼티 이름과 01 라인 괄호 안의 인수
이름은 동일해야 합니다.

03: 생성자 함수를 이용해서 sale1이라는 새로운 객체를 생성합니다. 괄호 안의 인수
는 생성되는 객체의 프로퍼티 값이 됩니다.

04-05: sale1 객체의 프로퍼티를 사용합니다.

06: 다시 한 번 생성자 함수를 이용해서 sale2이라는 또 다른 객체를 생성합니다. 역시 괄호 안의 인수는 생성되는 개체의 프로퍼티 값이 됩니다.

07-08: sale2 객체의 프로퍼티를 사용합니다.

생성자 함수는 붕어빵 찍어내는 붕어빵 틀같아!

맞아! 객체빵을 찍어내는 객체빵 틀인 셈이지.

this의 의미

'ja06_17.html'에서 사용한 'this'의 의미를 알아보겠습니다. this는 함수 원형을 정의할 때 사용하며, 함수 원형을 사용해서 새로운 객체를 만들면 this는 그 새로운 객체 이름으로 대체됩니다.

앞에서는 다음과 같이 sale이라는 함수 원형이 정의되어 있었습니다.

```javascript
function sale(product, count, price) {

    this.product = product;
    this.count = count;
    this.price = price;
    this.pay = function(){
            return this.count*this.price;
        }
```

이후 이 sale 함수 원형을 이용해서 다음과 같이 sale1이라는 객체를 만듭니다.

```
var sale1 = new sale("phone", 3, 500000);
```

그러면 다음과 같은 객체가 만들어집니다.

```
function sale1(product, count, price) {
    sale1.product = product;
    sale1.count = count;
    sale1.price = price;
    sale1.pay = function(){
            return sale1.count*sale1.price;
            }
```

이와 같이 this는 '이 함수 원형에 의해 만들어질 객체 이름'이라는 의미를 가집니다.

요점 정리

- 객체는 프로퍼티와 메소드를 사용할 수 있습니다.
- 프로퍼티는 값이며 다음과 같이 사용합니다.

    객체.프로퍼티

- 메소드는 해당 객체의 전용 함수이며 다음과 같이 사용합니다.

    객체.메소드()

- 메소드 뒤에는 괄호가 있습니다.
- 문자열 객체의 주요 프로퍼티와 메소드는 다음과 같습니다.

프로퍼티	기능
length	문자열의 길이를 반환한다.

메소드	기능
charAt( )	문자열 내 특정 위치의 문자를 반환한다.
concat( )	2개 이상의 문자열을 결합한다.
indexOf( )	문자열 내 첫번째 특정 문자의 위치 값을 반환한다.
replace( )	특정 문자열을 다른 문자열로 대치한다.
split( )	하나의 문자열을 여러 개의 문자열로 분할한다.
substr( )	특정 위치부터 특정 개수의 문자열을 추출한다.
toLowerCase( )	문자열을 소문자로 반환한다
toUpperCase( )	문자열을 대문자로 반환한다

■ 숫자 객체의 주요 메소드는 다음과 같습니다.

메소드	기능
toExponential( )	숫자를 지수 형식으로 변환한다.
toFixed( )	소수 이하 자릿 수를 지정하며 반올림이 된다.
toPrecision( )	전체 자릿 수를 지정하며 반올림이 된다.

■ 배열 객체에 사용하는 주요 프로퍼티와 메소드는 다음과 같습니다.

프로퍼티	기능
length	배열의 길이를 반환한다.

메소드	기능
concat( )	2개 이상의 배열을 하나로 합친다.
indexOf( )	배열 내 특정 요소의 인덱스를 구한다.
pop( )	배열 내 마지막 요소를 삭제한다.
push( )	배열의 제일 뒤에 새로운 요소를 추가한다.
reverse( )	배열 내 요소들을 역순으로 정렬한다.
sort( )	배열 내 요소들을 오름차순으로 정렬한다.

■ Math 객체가 제공하는 주요 프로퍼티와 메소드는 다음과 같습니다.

프로퍼티	기능
E	오일러 상수 값을 반환한다.
LN2	2의 자연로그 값을 반환한다.
LN10	10의 자연로그 값을 반환한다.
PI	파이 값을 반환한다.
SQRT1_2	1/2의 제곱근 값을 반환한다.
SQRT2	2의 제곱근 값을 반환한다.

메소드	기능
abs( )	절대 값을 반환한다.
ceil( )	가장 가까운 큰 정수로 반환한다.
floor( )	가장 가까운 작은 정수로 반환한다.
max( )	제일 큰 값을 반환한다.
min( )	제일 작은 값을 반환한다.
random( )	0과 1 사이의 난수를 반환한다.
round( )	반올림 값을 반환한다.
pow( )	누승 값을 반환한다.
sqrt( )	제곱근 값을 반환한다.

■ Date 객체의 주요 메소드는 다음과 같습다다.

메소드	기능
getFullYear( )	'연도'를 반환한다.(로컬 형식임. GMT 형식은 getUTCFullYear( ) 사용)
getMonth( )	0–11 사이의 '월'을 반환한다.(로컬 형식임. GMT 형식은 getUTCMonth( ) 사용)
getDate( )	1–31 사이의 '일'을 반환한다.(로컬 형식임. GMT 형식은 getUTCDate( ) 사용)

getDay( )	0–6 사이의 '요일' 값을 반환한다.(로컬 형식임. GMT 형식은 getUTCDay( ) 사용)
getHours( )	0–23 사이의 '시간'을 반환한다.(로컬 형식임. GMT 형식은 getUTCHours( ) 사용)
getMinutes( )	0–59 사이의 '분'을 반환한다.(로컬 형식임. GMT 형식은 Minutes( ) 사용)
getSeconds( )	0–59 사이의 '초'를 반환한다.(로컬 형식임. GMT 형식은 getUTCSeconds 사용)
setFullYear( )	'연도'를 설정한다.(로컬 형식임. GMT 형식은 setUTCFullYear( ) 사용)
setMonth( )	0–11 사이의 '월'을 설정한다.(로컬 형식임. GMT 형식은 setUTCMonth( ) 사용)
setDate( )	1–31 사이의 '일'을 설정한다.(로컬 형식임. GMT 형식은 setUTCDate( ) 사용)
setHours( )	0–23 사이의 '시간'을 설정한다.(로컬 형식임. GMT 형식은 setUTCHours ( ) 사용)
setMinutes( )	0–59 사이의 '분'을 설정한다.(로컬 형식임. GMT 형식은 setUTCMinutes( ) 사용)
setSeconds()	0–59 사이의 '초'를 설정한다.(로컬 형식임. Seconds)
toDateString( )	시간을 제외한 날짜 부분만 문자열로 반환한다.(GMT 형식은 toGMTString( ) 사용)
toLocaleString( )	날짜 객체의 형식을 로컬 형식으로 반환한다.
toUTCString( )	날짜 객체의 형식을 GMT 형식으로 반환한다.
getTime( )	1970년 1월 1일 0시 이후 경과 시간을 밀리초 단위로 반환한다.

■ 모든 객체가 반드시 프로퍼티와 메소드를 둘다 가져야 하는 것은 아닙니다. 객체는 프로퍼티만 있을 수도 있고, 프로퍼티와 메소드가 둘 다 있을 수도 있습니다.

- 객체의 프로퍼티를 선언할 때는 중괄호 안에 프로퍼티: 값의 쌍으로 기술하며, 각 쌍은 콤마로 구분합니다.

  var 객체명 = {프로퍼티1:값1, 프로퍼티2:값2, …};

- 메소드는 function( ) { … }으로 정의하며 프로퍼티 이름이 곧 메소드 이름이 됩니다.

- 동일한 구조를 가진 객체들이라면 매번 각각의 객체를 만들지 않고 객체 원형을 선언해두고 그 원형을 이용해서 여러 개의 객체를 만들어 낼 수 있습니다. 객체 원형은 생성자 함수(constructor function)를 이용해서 만듭니다.

- this 함수 원형을 정의할 때 사용하며, 함수 원형을 사용해서 새로운 객체를 만들면 this는 그 새로운 객체 이름으로 대체됩니다. this는 '이 함수 원형에 의해 만들어질 개체 이름'이라는 의미를 가집니다.

Chapter
7

코딩 첫걸음 시리즈

Java
Script

BOM 사용하기

BOM 개념 잡기

BOM은 브라우저 내부에 이미 만들어져 있는 객체입니다. 브라우저가 제공하는 객체 모델이라는 의미에서 BOM(Browser Object Model)이라고 합니다. 자바스크립트에서 '객체.프로퍼티', '객체.메소드( )' 형식으로 이 객체들을 사용해서 프로그래밍을 할 수 있습니다. 'ja06_1.html'에서 보았던 screen 객체가 바로 BOM의 예입니다. BOM은 6개의 객체 그룹으로 구성되며, 다음 그림과 같은 계층 구조를 가집니다.

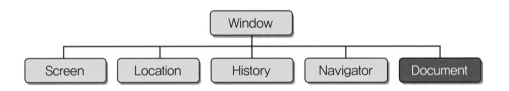

window 객체가 최상위 객체이며 다른 객체들은 window 객체의 하위 객체입니다. 이 객체들을 간단히 정리하면 다음과 같습니다.

객체	기능
window	최상위 객체이며, 현재 열려있는 윈도우를 의미한다.
screen	사용자 화면에 관한 정보를 제공한다.
location	현재의 URL에 대한 정보를 제공한다.
history	사용자가 방문했던 URL에 대한 정보를 제공한다.
navigator	브라우저에 대한 정보를 제공한다.
document	웹 문서를 의미한다.

window를 제외한 나머지 객체들은 window 객체의 하위 객체입니다. 그래서 나머지 객체들의 정식 이름은 window.screen, window.location, window.history, window.navigator, window.document입니다. 점으로 계층 구조를 표시하지만 일

일이 window를 앞에 붙이는 것이 불편하기 때문에 window는 생략할 수 있습니다.
다음의 소스 코드를 살펴봅시다.

▶ ja07_1.html

```
<!DOCTYPE html>
<html>
<body>
<script>

document.write(screen.height + "<br>"); // 01
document.write(screen.width + "<br>");

document.write("<br>"); //03

window.document.write(window.screen.height + "<br>"); // 04
window.document.write(window.screen.width + "<br>"); // 05

</script>
</body>
</html>
```

실행 결과

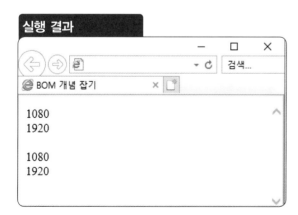

BOM 개념 잡기 **211**

▣ 소스 코드 해설

01-03: window는 생략이 가능하기 때문에 window 없이 기술했습니다.

04-05: 이번에는 window를 함께 기술했으며 계층 구조를 반영한 완전한 형식입니다. 실행하니 01-02 라인과 04-05 라인에 같은 결과가 출력되었습니다.

BOM이나 다음 장에서 배울 DOM을 효율적으로 학습하기 위해서는 먼저 이벤트 (Event)를 알아 둘 필요가 있습니다. 이어서 이벤트가 무엇인지 알아보겠습니다.

참고하세요

URL은 'Uniform Resource Locator'의 약자로 인터넷상에 올려진 자료들의 주소를 의미합니다. URL은 자료(자원)에 접근하는데 필요한 프로토콜의 이름, 특정 컴퓨터를 식별하기 위한 도메인 이름과 자료의 위치를 계층적으로 나타낸 경로명 등으로 구성됩니다. 앞의 객체들 중에서 document 객체는 조금 다른 특성을 가집니다. document 객체에 대해서는 다음 장에서 설명하겠습니다.

이벤트 사용하기

이벤트(Event)라는 단어를 들으면 흔히 남자가 사랑하는 여자의 마음을 사로잡기 위해서 벌이는 일을 상상하게 됩니다. 이벤트는 상대방이 예상할 수 없어야 효과가 극대화 됩니다.

하지만 컴퓨터에서는 의미가 조금 다릅니다. 마우스로 클릭하거나 스마트폰을 터치하는 것들이 모두 이벤트입니다. 컴퓨터나 스마트폰에는 프로그램이나 앱의 아이콘, 버튼 등이 있고 우리가 그것들을 클릭 또는 터치하면 프로그램이 실행되거나 메시지가 표시됩니다. 아이콘이나 버튼 입장에서는 언제 사용자가 자기를 클릭, 터치할지 전혀 모릅니다. 하지만 클릭이나 터치를 하면 재빠르게 프로그램을 실행하거나 메시지를 표시해야 합니다. 아이콘이나 버튼 입장에는 예상할 수 없는 작업 지시가 떨어지는 것입니다. 자바스크립트에서 이와 같은 이벤트를 만들 수 있습니다.

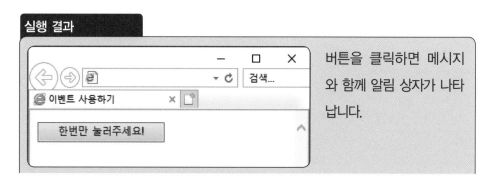

다음의 소스 코드를 살펴보겠습니다. 이 프로그램을 실행시키면 버튼이 표시되고, 그 버튼을 클릭하면 알림 상자가 나타납니다.

▶ ja07_2.html

```html
<!DOCTYPE html>
<html>
<head>
<script>

function clickme(){ // 01
  alert("버튼을 한번 누르셨어요!");
} // 02

</script>
</head>
<body>

<form>
<input type="button" value="한번만 눌러주세요!" onclick=
"clickme()"> // 03
</form>

</body>
</html>
```

실행 결과

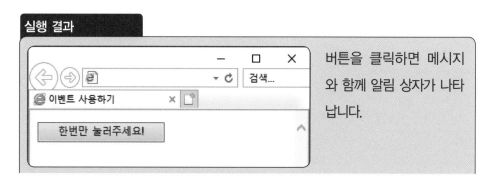

버튼을 클릭하면 메시지와 함께 알림 상자가 나타납니다.

소스 코드 해설

01-02: 함수를 선언했습니다. 이 함수는 03 라인의 버튼을 클릭할 때 실행됩니다. alert( )는 window 객체의 메소드이며, 알림 상자를 표시합니다. 완전한 형식은 window.alert( )입니다. 이 메소드는 다음에 더 자세히 배우도록 합시다.

03: 버튼을 표시합니다. 이때 onclick 이벤트를 사용하고 있습니다. onclick은 '클릭 하면...'이라는 뜻으로 버튼을 클릭하면 clickme( ) 함수가 실행됩니다.

> **참고하세요**
>
> 앞의 코드에서 onclick은 이벤트 타입이고, clickme( )는 이벤트 속성이라고 하며, 이벤트 를 실제로 처리하는 function clickme( ) 함수를 이벤트 핸들러(event handler)라고 합니다.

이번에는 'onmouseover'라는 이벤트를 사용하는 다음의 소스 코드를 보겠습니다. 이 프로그램은 버튼 위로 마우스를 올리기만 하면 곧장 알림 상자가 나타납니다.

▶ **ja07_3.html**

```
<!DOCTYPE html>
<html>
<head>
<script>

function overme(){ // 01
    alert("마우스를 버튼 위에 올리셨어요!");
} // 02
```

```
</script>
</head>
<body>

<form>
<input type="button" value="올라오세요 호호!" onmouseover=
"overme()"> // 03
</form>

</body>
</html>
```

실행 결과

🖥 소스 코드 해설

01-02: 함수를 선언했습니다. 03 라인의 버튼 위로 마우스를 가져가면 이 함수가 실행되어 알림 상자가 나타납니다.

03: 버튼에 onmouseover 이벤트가 지정되었습니다. 이 버튼 위로 마우스를 올리면 overme( ) 함수가 실행됩니다.

앞에서 본 2개의 프로그램은 사용자가 버튼을 클릭하거나 버튼 위에 마우스를 올리면 이벤트가 실행됩니다. 반면 사용자의 동작과 상관없이 실행되는 이벤트도 있습니다.

다음 소스 코드를 살펴보겠습니다. 이 프로그램은 웹 문서가 메모리에 로드되면 이벤트가 자동으로 실행됩니다.

▶ ja07_4.html

```
<!DOCTYPE html>
<html>
<head>
<script>

function greeting(){ // 01
  alert("어서오세요!");
} // 02

</script>

<body onload="greeting()"> // 03
<h3>문서가 로딩되었습니다.</h3>
</body>

</html>
```

실행 결과

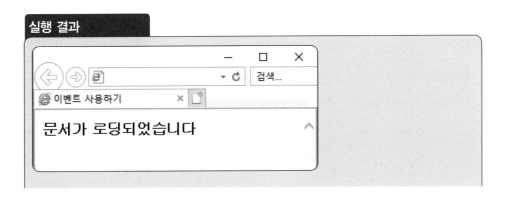

이벤트 사용하기 **217**

🖳 소스 코드 해설

01-02: 함수를 선언했습니다. 이 함수는 웹 문서가 메모리에 로드되면 실행되어 알림 상자가 나타납니다.

03: onload 이벤트를 지정했습니다.

다음의 소스 코드는 키보드 이벤트를 사용합니다. 사용자가 입력 상자 안에서 키를 누르면 이벤트가 실행되어 알림 상자가 표시됩니다.

▶ ja07_5.html

```html
<!DOCTYPE html>
<html>
<head>
<script>

function presskey() { // 01
  alert("키를 눌렀습니다!");
} // 02

</script>
<body>

<p>입력 상자 안에서 키를 누르세요.</p>
<input type="text" onkeypress="presskey()"> // 03

</body>
</html>
```

실행 결과

```
─  □  ×
(←)(→) [e]              ▼ Ċ  검색...
[e] 이벤트 사용하기        × [ ]

입력상자 안에서 키를 누르세요.                    ∧

[_____]


웹 페이지 메시지        ×

  ⚠  키를 눌렀습니다!


      [ 확인 ]
```

📼 소스 코드 해설

01-02: 함수를 선언했습니다. 사용자가 입력 상자 안에서 아무 키나 누르면 이 함수가 실행되어 알림 상자를 표시합니다.

03: 입력 상자에 onkeypress 이벤트를 지정했습니다.

우리는 앞에서 몇 개의 이벤트를 사용해봤습니다.

이벤트를 정리하면 다음과 같습니다.

❶ 이벤트는 사용자나 시스템에 의해 발생합니다.

❷ 이벤트는 태그 안에 'onxxxx' 형식으로 지정합니다.

❸ 이벤트 핸들러는 실제로 이벤트를 처리하는 코드(함수)를 의미합니다.

주요 이벤트는 다음과 같습니다.

시스템에 의해 자동 실행되는 이벤트	
onload	문서가 메모리에 로드될 때 실행한다.
onunload	문서가 메모리에서 없어질 때 실행한다.

〈form〉 태그 내에서 사용되는 이벤트	
onchange	폼 입력 양식에서 특정 항목이 변경되면 실행한다.
onsubmit	폼 입력 양식에서 submit 버튼이 눌렸을 때 실행한다.
onreset	폼 입력 양식에서 reset 버튼이 눌렸을 때 실행한다.
onselect	폼 입력 양식에서 특정 항목이 선택되면 실행한다.
onfocus	폼 입력 양식에서 특정 항목이 포커스를 얻으면 실행한다.
onblur	폼 입력 양식에서 특정 항목이 포커스를 잃으면 실행한다.

키보드 조작에 의해 실행되는 이벤트	
onkeydown	키를 눌렀을 때 실행한다.
onkeypress	키를 눌렀다가 놓았을 때 실행한다.
onkeyup	키를 놓았을 때 실행한다.

마우스 조작에 의해 실행되는 이벤트	
onclick	마우스를 클릭하면 실행한다.
ondbclick	마우스를 더블클릭하면 실행한다.
onmousedown	마우스 버튼을 누르면 실행한다.
onmouseup	마우스 버튼을 놓으면 실행한다.
onmousemove	마우스 포인터를 움직이면 실행한다.
onmouseout	마우스 포인터가 해당 요소를 벗어나면 실행한다.
onmouseover	마우스 포인터가 해당 요소 위에 오면 실행한다.

window 객체 사용하기

window 객체의 주요 프로퍼티와 메소드는 다음과 같습니다.

프로퍼티	기능
closed	윈도우가 닫혔는지 여부에 대한 논리값을 반환한다.
document	윈도우의 document 객체를 반환한다.
frameElement	현재의 윈도우가 삽입된 〈iframe〉 요소를 반환한다.
frames	현재 윈도우의 〈iframe〉 요소를 반환한다.
history	윈도우의 history 객체를 반환한다.
innerHeight	윈도우의 컨텐트 영역의 높이를 반환한다.
innerWidth	윈도우의 컨텐트 영역의 넓이를 반환한다.
length	현재 윈도우의 〈iframe〉의 개수를 반환한다.
location	윈도우의 location 객체를 반환한다.
name	윈도우의 이름을 반환한다.
navigator	윈도우의 navigator 객체를 반환한다.
opener	새 윈도우를 생성한 윈도우에 대한 참조를 반환한다.
outerHeight	툴바와 스크롤바를 포함한 윈도우의 높이를 반환한다.
outerWidth	툴바와 스크롤바를 포함한 윈도우의 넓이를 반환한다.
pageXOffset	좌측상단으로 부터 문서가 수평으로 스크롤된 픽셀 수를 반환한다.
pageYOffset	좌측상단으로 부터 문서가 수직으로 스크롤된 픽셀 수를 반환한다.
parent	현재 윈도우의 부모 윈도우를 반환한다.
screen	screen 객체를 반환한다.
screenX	화면을 기준으로 한 윈도우의 수평 좌표값을 반환한다.
screenY	화면을 기준으로 한 윈도우의 수직 좌표값을 반환한다.
scrollX	pageXOffset와 동일하다.
scrollY	pageYOffset와 동일하다.

self	현재 윈도우를 반환한다.
status	윈도우 상태바의 텍스트를 반환하거나 설정한다.
top	최상위 윈도우를 반환한다.

메소드	기능
alert( )	알림 상자를 표시한다.
atob( )	64비트로 인코딩된 문자열을 디코딩한다.
blur( )	현재 윈도우에서 포커스를 제거한다.
btoa( )	64비트로 문자열을 인코딩한다.
clearInterval( )	setInterval( )에 의한 타이머 설정을 해제한다.
clearTimeout( )	setTimeout( )에 의한 타이머 설정을 해제한다.
close( )	현재의 윈도우를 닫는다.
confirm( )	확인 상자를 표시한다.
focus( )	현재 윈도우에 포커스를 설정한다.
getComputedStyle( )	특정 요소에 적용된 css의 스타일 값을 반환한다.
moveBy( )	현재 위치를 기준으로 윈도우를 이동한다.
moveTo( )	특정 위치로 윈도우를 이동한다.
open( )	새로운 윈도우를 연다.
print( )	현재 윈도우의 내용을 프린트한다.
prompt( )	입력 상자를 표시한다.
resizeBy( )	윈도우 크기를 픽셀 단위로 조절한다.
resizeTo( )	윈도우의 높이와 넓이를 특정 크기로 조절한다.
scrollBy( )	지정한 픽셀 수만큼 윈도우를 스크롤한다.
scrollTo( )	특정 좌표로 윈도우를 스크롤한다.
setInterval( )	지정한 시간 간격으로 함수나 식을 실행한다.
setTimeout( )	지정한 시간 이후에 함수나 식을 실행한다.
stop( )	해당 윈도우에서의 로딩을 멈추게 한다.

알림, 확인, 입력 상자 사용하기

3개의 상자를 표시하는 다음의 소스 코드를 보겠습니다. 이 소스 코드를 실행시키고 계속해서 표시되는 상자의 [확인] 버튼을 클릭하면 3개의 입력 상자를 모두 볼 수 있습니다.

▶ ja07_6.html

```
<!DOCTYPE html>
<html>
<body>
<script>

alert("alert 창입니다!"); // 01
confirm("confirm 창입니다!"); // 02
prompt("아이디를 입력하세요.", "guest"); // 03

</script>
</body>
</html>
```

실행 결과

웹 페이지 메시지 ✕
⚠ alert 창입니다!
확인

웹 페이지 메시지 ✕
❓ confirm 창입니다!
확인   취소

Explorer 사용자 프롬프트 ✕
스크립트 프롬프트: 확인
아이디를 입력하세요.   취소
guest

📟 소스 코드 해설

01-03: 프로그램을 실행시키면 소스 코드에 기술된 순서대로 상자들이 표시됩니다. 각 상자에서 [확인] 버튼을 클릭해야 그 다음 상자가 나타납니다. 이들은 윈도우 메 소드이며 window.alert( ), window.confirm( ), window.prompt( )로 기술해도 되 지만, 여기서는 window를 생략하였습니다.

윈도우 크기 알아보기

다음의 소스 코드는 버튼을 클릭하면 알림 상자에 윈도우의 내부 크기와 외부 크기 를 표시합니다. 여기서 윈도우 내부 크기는 툴바나 스크롤바가 제외된 크기입니다.

▶ ja07_7.html

```
<!DOCTYPE html>
<html>
<body>

<button onclick="innerFunc()">윈도우 내부 크기</button> // 01
<button onclick="outerFunc()">윈도우 외부 크기</button> // 02

<script>

function innerFunc(){
  var x = window.innerWidth; // 03
  var y = window.innerHeight; // 04
  alert("윈도우 내부 크기 : " + x + ", " + y);
}

function outerFunc(){
  var x = window.outerWidth; // 05
```

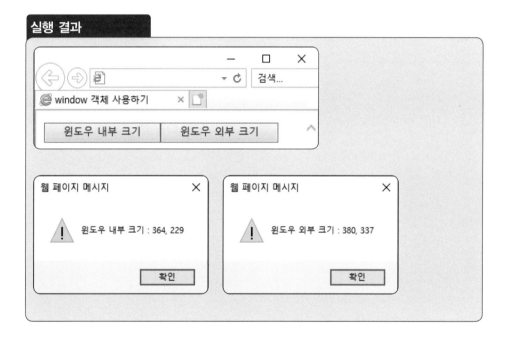

```
    var y = window.outerHeight; // 06
    alert("윈도우 외부 크기 : " + x + ", " + y);
}

</script>
</body>
</html>
```

실행 결과

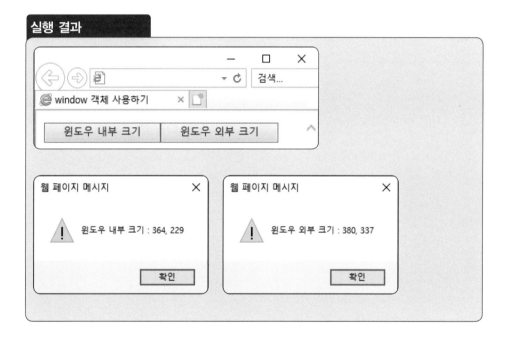

📟 소스 코드 해설

01: 버튼을 표시하며 이 버튼을 클릭하면 innerFunc( ) 함수가 실행됩니다.

02: 버튼을 표시하며 이 버튼을 클릭하면 outerFunc( ) 함수가 실행됩니다.

03-04: 윈도우의 내부 크기 값을 가지고 있는 2개의 프로퍼티를 사용했습니다.

05-06: 윈도우의 외부 크기 값을 가지고 있는 2개의 프로퍼티를 사용했습니다.

다음의 소스 코드를 실행시키면 프레임의 개수를 알려주는 알림 상자가 표시됩니다.
알림 상자의 [확인]을 클릭하고 나서 윈도우에 표시된 2개의 버튼을 클릭하면 프레임
에 표시된 사이트가 모두 daum 사이트로 변경됩니다.

▶ ja07_8.html

```
<!DOCTYPE html>
<html>
<body onload="count()"> // 01

<button onclick="first()">itkyohak</button> // 02
<button onclick="second()">kyohaksa</button> // 03
<br><br>

<iframe src="https://blog.naver.com/itkyohak"></iframe> // 04
<iframe src="http://www.kyohak.co.kr"></iframe> // 05

<script>

function count(){
  var cnt = window.length; // 06
  alert("프레임 개수 : " + cnt);
}

function first(){
  window.frames[0].location = "https://www.daum.net"; // 07
}

function second(){
  window.frames[1].location = "https://www.daum.net"; // 08
```

```
}

</script>
</body>
</html>
```

실행 결과

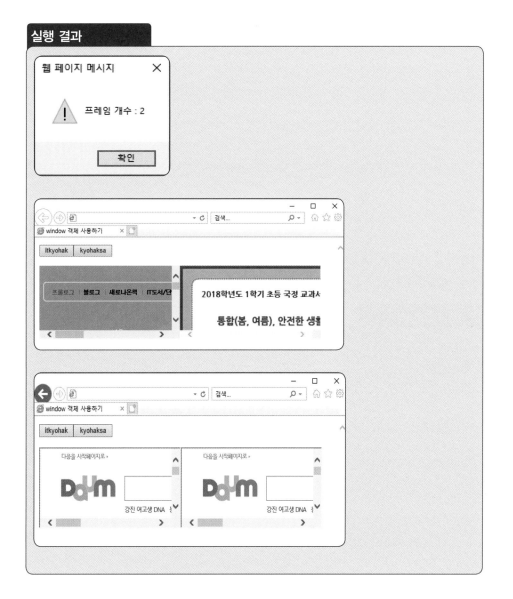

📟 소스 코드 해설

01: 〈body〉 태그에 onload 이벤트가 지정되어 이 문서가 로드되면 제일 먼저 count( ) 함수가 실행됩니다.

02-03: 2개의 버튼을 표시하고 각 버튼에 각각 first( )와 second( ) 이벤트를 지정했습니다.

04-05: 2개의 프레임을 만들고 각기 itkyohak 블로그와 교학사 홈페이지의 URL을 할당했습니다.

06: length 프로퍼티를 사용해서 프레임의 개수를 알림 상자에 표시합니다.

07-08: 프레임은 배열 형식으로 제공된다. 2개의 프레임에 모두 'daum'을 할당했습니다. 객체에 URL을 할당할 때는 location 프로퍼티를 사용합니다.

일정시간 간격으로 실행하기

다음의 소스 코드는 setInterval( ) 메소드를 사용해서 2초 간격으로 계속해서 알림 상자를 표시합니다.

▶ ja07_9.html

```
<!DOCTYPE html>
<html>
<body>

<h3>버튼을 클릭하면 2초마다 계속 알림 상자가 표시됩니다.</h3>

<button onclick="alertBox()">클릭하세요</button> // 01

<script>
function alertBox() {
  setInterval(function(){alert("2초가 지났습니다!");},2000);
  // 02
```

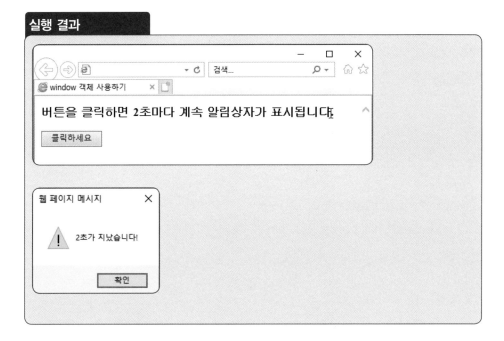

```
    }
</script>

</body>
</html>
```

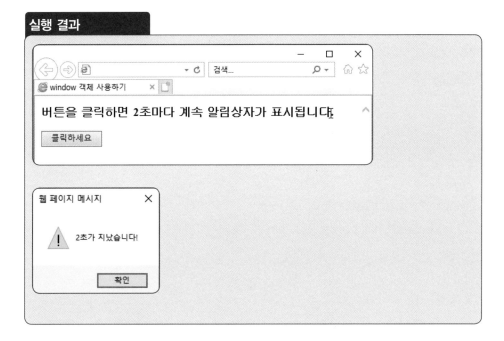

실행 결과

버튼을 클릭하면 2초마다 계속 알림상자가 표시됩니다.

클릭하세요

웹 페이지 메시지

⚠ 2초가 지났습니다!

확인

🖥 소스 코드 해설

01: 버튼을 표시하며 onclick 이벤트가 지정되어 버튼을 클릭하면 alertBox( ) 함수가 실행됩니다.

02: setInterval( ) 메소드를 실행합니다. 이 메소드의 첫 번째 인수는 함수이며, 두 번째 인수는 시간입니다. 그래서 이 메소드가 실행되면 첫 번째 인수로 지정된 함수가 2초 간격으로 실행됩니다. 알림 상자가 표시되고 [확인]을 클릭하면 2초마다 알림 상자가 계속 표시됩니다.

일정시간 경과 후 실행하기

다음의 소스 코드는 setTimeout( ) 메소드를 사용해서 5초 후에 알림 상자를 표시합니다.

▶ ja07_10.html

```
<!DOCTYPE html>
<html>
<body>

<h3>버튼을 클릭하면 5초 후에 알림 상자가 한번 표시됩니다.</h3>
<button onclick="alertBox()">클릭하세요</button> // 01

<script>
function alertBox() {
  setTimeout(function(){alert("5초가 지났습니다!");},2000); //
  02
}
</script>

</body>
</html>
```

실행 결과

버튼을 클릭하면 **5초** 후에 알림상자가 한번 표시됩니다.

클릭하세요

🖳 소스 코드 해설

01: 버튼을 표시하며 onclick 이벤트가 지정되어 버튼을 클릭하면 alertBox( ) 함수가 실행됩니다.

02: setTimeout ( ) 메소드를 실행합니다. 이 메소드의 첫 번째 인수는 함수이며, 두 번째 인수는 시간입니다. 그래서 이 메소드가 실행되면 첫 번째 인수로 지정된 함수가 5초 후에 실행됩니다.

새로운 윈도우 열기

다음의 소스 코드는 버튼을 클릭하면 window.open( ) 메소드에 지정된 인수를 반영하여 새로운 윈도우를 오픈합니다.

▶ ja07_11.html

```
<!DOCTYPE html>
<html>
<body>

<h3>버튼을 클릭하면 새로운 윈도우가 표시됩니다.</h3>
<button onclick="winOpen()">클릭하세요</button> // 01

<script>

function winOpen(){
```

```
  window.open("http://itkyohak.blog.me","_blank",
  "toolbar=yes,scrollbars=yes,resizable=yes,₩
  top=100,left=100,width=400,height=400"); // 02
}

</script>
</body>
</html>
```

실행 결과

🔳 소스 코드 해설

01: 버튼을 표시하며, onclick 이벤트가 지정되어 버튼을 클릭하면 winOpen( ) 함수가 실행됩니다.

02: window.open( ) 메소드로 새로운 윈도우를 표시합니다. 이 메소드의 사용 형식은 다음과 같습니다.

```
window.open(url, name, specs, replace)
```

이 4개의 인수는 필요에 따라 생략할 수 있으며 다음과 같은 의미가 있습니다.

• url : 오픈할 웹 페이지의 url을 기술합니다. 생략하면 빈 윈도우가 표시됩니다.

• name : 윈도우의 이름이나 다음과 같은 타겟(target) 속성을 지정합니다.

　_blank – 새로운 윈도우에 웹 페이지가 표시되며 기본값입니다.

　_parent – 부모 프레임에 웹 페이지가 표시됩니다.

　_self – 현재 웹 페이지를 새로운 웹 페이지로 대체합니다.

　_top – 모든 프레임 세트의 최상위에 현재 페이지를 표시합니다.

• specs : 콤마로 구분하여 다양한 옵션을 기술할 수 있습니다. 툴 바와 스크롤 바의 표시 여부와 크기조절 가능 여부를 'yes', 'no'로 지정할 수 있으며, 윈도우의 표시 위치와 크기를 픽셀 단위로 지정할 수 있습니다.

• replace : 'true'를 지정하면 history 목록에 있는 현재 페이지 url이 새로운 페이지의 url로 대체됩니다. 'false'를 지정하면 새로운 페이지의 url이 history 목록에 새로운 항목으로 추가됩니다.

명령문이 길어질 때는 다음 라인으로 이동하여 계속 기술하면 됩니다.
그러나 02 라인처럼 ' ' 내에서 다음 라인에 기술할 때는 제일 뒤에 '₩'를 기술해야 합니다.

윈도우 크기 조절하기

다음의 소스 코드는 resizeBy( ) 메소드와 focus( ) 메소드를 이용합니다. 버튼을 클릭하면 빈 윈도우를 오픈한 후, 또 다른 버튼을 클릭하면 윈도우의 크기를 조절하고 포커스를 윈도우 내로 이동합니다.

▶ ja07_12.html

```
<!DOCTYPE html>
<html>
<body>

<h3>"새 창 열기" 버튼을 클릭한 후 "창 크기 조절하기" 버튼을 클릭하세요.</h3>

<button onclick="winOpen()">새 창 열기</button> // 01
<button onclick="winResize()">창 크기 조절하기</button> // 02

<script>

var winobj;

function winOpen() {
  winobj = window.open("", "", "top=200, left=200, width=100,
  height=100"); // 03
}

function winResize() {
  winobj.resizeBy(300, 300); // 04
  winobj.focus(); // 05
}
```

```
</script>
</body>
</html>
```

실행 결과

"새 창 열기" 버튼을 클릭한 후 "창 크기 조절하기" 버튼을 클릭하세요.

| 새 창 열기 | 창 크기 조절하기 |

빈 페이지 - In...

빈 페이지 - Internet Explorer

소스 코드 해설

01-02: 2개의 버튼을 표시합니다. 각 버튼에는 이벤트가 지정되어 버튼을 클릭하면 각기 winOpen( ) 함수와 winResize( ) 함수를 실행합니다.

03: open( ) 메소드로 윈도우를 오픈하여 그 윈도우 객체를 winobj에 할당합니다.

04: 윈도우의 크기를 높이 300픽셀, 넓이 300픽셀로 조절합니다.

05: 포커스를 윈도우 안으로 이동합니다.

윈도우를 다른 위치로 이동하기

다음의 소스 코드는 moveTo( ) 메소드와 focus( ) 메소드를 이용합니다. '새 창 열기' 버튼을 클릭하면 윈도우가 열리고, '창 이동하기' 버튼을 클릭하면 윈도우가 다른 위치에서 열립니다.

▶ ja07_13.html

```
<!DOCTYPE html>
<html>
<body>

<h3>새 창 열기 버튼을 클릭한 후 창 이동하기 버튼을 클릭하세요.</h3>

<button onclick="winOpen()">새 창 열기</button> // 01
<button onclick="winMove()">창 이동하기</button> // 02

<script>

var winobj;

function winOpen() {
```

```
  winobj=window.open("", "winsample", "top=200, left=200,
  width=200, height=100"); // 03
  winobj.document.write("<p>예제 윈도우입니다.</p>"); // 04
}

function winMove() {
  winobj.moveTo(500, 500); // 05
  winobj.focus(); // 06
}

</script>
</body>
</html>
```

실행 결과

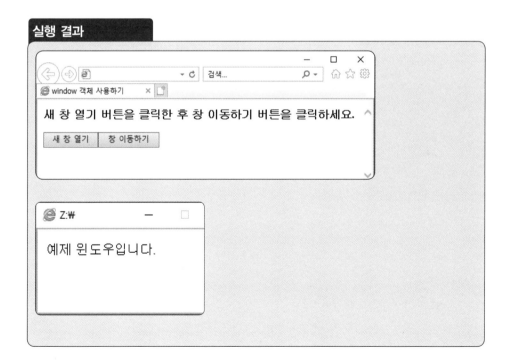

📟 소스 코드 해설

01-02: 2개의 버튼을 표시합니다. 각 버튼에는 이벤트가 지정되어 버튼을 클릭하면 각기 winOpen( ) 함수와 winMove( ) 함수를 실행합니다.

03: open( ) 메소드로 윈도우를 오픈하여 그 윈도우 객체를 winobj에 할당합니다.

04: 현재 표시된 윈도우 내에서 메시지를 출력합니다.

05: 버튼을 클릭하면 윈도우가 화면 좌측 상단으로부터 수평으로 500픽셀, 수직으로 500픽셀 떨어진 위치로 이동합니다.

페이지를 조금씩 이동하기

다음의 소스 코드는 버튼을 클릭할 때마다 scrollBy( ) 메소드가 실행되어 지정된 픽셀만큼 페이지를 조금씩 이동합니다.

▶ ja07_14.html

```
<!DOCTYPE html>
<html>
<head>
<style>

body {
  width: 1000px; // 01
  height: 1000px; // 02
}

button {
  position: fixed; // 03
}

</style>
```

```
</head>
<body>

<p>1번 라인입니다.</p>
<p>2번 라인입니다.</p>
<p>3번 라인입니다.</p>
<p>4번 라인입니다.</p>
<p>5번 라인입니다.</p>

<button onclick="scrollWin()">페이지를 이동</button> // 04
<br><br>

<script>
function scrollWin() {
  window.scrollBy(10, 10); // 05
}
</script>

</body>
</html>
```

실행 결과

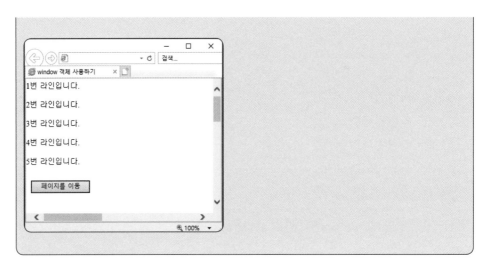

소스 코드 해설

01-02: scrollBy( ) 메소드로 페이지를 이동하려면 먼저 창 크기를 정해 두어야 합니다.

03: 이동할 때 버튼은 움직이지 않도록 position 프로퍼티를 'fixed'로 설정합니다.

04: 버튼을 표시하며 이 버튼을 클릭하면 이벤트로 지정된 scrollWin( ) 함수가 실행됩니다.

05: 왼쪽으로 10픽셀, 위쪽으로 10픽셀씩 페이지를 이동하도록 합니다. 만약 음수를 지정하면 오른쪽과 아래쪽으로 이동합니다.

screen 객체 사용하기

screen 객체는 사용하는 화면에 대한 정보를 제공합니다. 메소드는 없으며 프로퍼티
는 다음과 같습니다.

프로퍼티	기능
availHeight	사용 가능한 화면의 높이(윈도우 태스크바 제외)
availWidth	사용 가능한 화면의 넓이(윈도우 태스크바 제외)
height	화면의 전체 높이(윈도우 태스크바 포함)
width	화면의 전체 넓이(윈도우 태스크바 포함)
colorDepth	컬러 팔레트의 비트 수
pixelDepth	colorDepth와 동일

이 프로퍼티들을 사용해서 화면 정보를 출력하는 다음의 소스 코드를 보겠습니다.

▶ ja07_15.html

```html
<!DOCTYPE html>
<html>
<body>
<script>

document.write("사용가능한 높이 : " + screen.availHeight +
"<br>");
document.write("사용가능한 넓이 : " + screen.availWidth +
"<br>");
document.write("전체 높이 : " + screen.height + "<br>");
document.write("전체 넓이 : " + screen.width + "<br>");
```

```
document.write("컬러 팔레트 비트 수 : " + screen.colorDepth + "<br>");
document.write("컬러 팔레트 비트 수 : " + screen.pixelDepth );

</script>
</body>
</html>
```

실행 결과

🖥 **소스 코드 해설**

screen 객체의 프로퍼티는 실행 결과에서 보여지듯이 화면에 대한 간단한 정보만을
제공합니다.

navigator 객체 사용하기

navigator 객체는 사용 중인 브라우저에 대한 정보를 제공하며 주요 프로퍼티는 다음과 같습니다.

프로퍼티	기능
appCodeName	브라우저 코드명
appName	브라우저 이름
appVersion	브라우저 버전
cookieEnabled	쿠키 사용 가능 여부
language	브라우저 언어
onLine	브라우저 온라인 상태 여부
platform	브라우저가 실행 중인 플랫홈
userAgent	브라우저가 서버에게 전송한 유저 에이전트 헤더

이 프로퍼티들을 사용해서 브라우저 정보를 출력하는 소스 코드를 보겠습니다.

▶ ja07_16.html

```
<!DOCTYPE html>
<html>
<body>
<script>

document.write("브라우저 코드명 : " + navigator.appCodeName +
"<br>") ;
document.write("브라우저 이름 : " + navigator.appName +
"<br>");
```

```
document.write("브라우저 버전 : " + navigator.appVersion +
"<br>");
document.write("쿠키 사용 가능 : " + navigator.cookieEnabled +
"<br>");
document.write("브라우저 언어 : " + navigator.language +
"<br>");
document.write("브라우저 온라인 : " + navigator.onLine +
"<br>");
document.write("플랫폼 : " + navigator.platform + "<br>");
document.write("유저 에이전트 헤더 : " + navigator.userAgent +
"<br>");

</script>
</body>
</html>
```

실행 결과

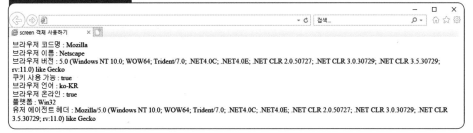

🖥 소스 코드 해설

브라우저 코드명은 호환성을 위해 모든 브라우저가 'Mozilla'로 표시되고 브라우저
이름은 다음과 같이 표시됩니다.

- IE11, Chrome, Firefox, Safari의 경우 : Netscape
- IE 10과 그 이전 버전의 경우 : Microsoft Internet Explorer
- Opera의 경우 : Opera

history 객체는 사용자가 방문한 웹 페이지의 URL 정보를 제공합니다. 방문했던 앞, 뒤 페이지 사이를 이동할 때 이 객체를 사용합니다. 이 객체는 다음과 같은 프로퍼티와 메소드를 제공합니다.

프로퍼티	기능
length	현재 브라우저의 히스토리 목록(방문 목록) 내의 URL의 개수

메소드	기능
back( )	히스토리 목록(방문 목록) 내의 이전 URL로 이동
forward( )	히스토리 목록(방문 목록) 내의 다음 URL로 이동
go( )	히스토리 목록(방문 목록) 내의 특정 URL로 이동

다음의 예제는 2개의 웹 페이지를 사용합니다. 'ja07_17.html'을 실행시키고 링크를 클릭하면 'ja07_18.html'로 이동합니다. 'ja07_18.html'에서 버튼을 클릭하면 다시 'ja07_17. html'로 돌아옵니다.

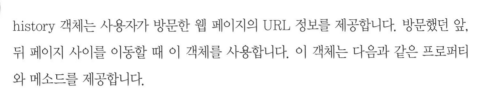

▶ ja07_17.html

```html
<!DOCTYPE html>
<html>
<body>

<h3>어서 오세요!</h3>
<a href="ja07_18.html">여기를 클릭해서 다음 페이지로 이동</a> // 01

</body>
</html>
```

실행 결과

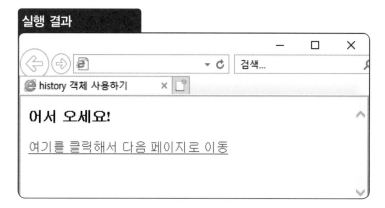

🖥 소스 코드 해설

01: 이 링크를 클릭하면 'ja07_18.html'로 이동하며 현재 페이지인 'ja07_17.html'은 히스토리 목록에 등록됩니다.

▶ ja07_18.html

```
<!DOCTYPE html>
<html>
<body>

<h3>버튼을 클릭하면 이전 페이지로 돌아갑니다!</h3>
<button onclick="goBack()">이전 페이지</button> // 01

<script>

function goBack(){
  history.back(); // 02
  // history.go(-1); // 03
}

</script>
</body>
</html>
```

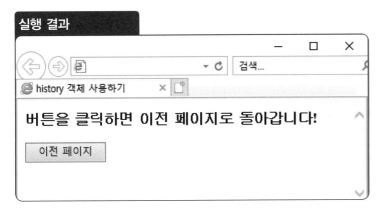

🔲 소스 코드 해설

01: 버튼을 클릭하면 goBack( ) 함수가 실행됩니다.

02: 히스토리 목록에 있는 이전 페이지로 돌아갑니다. 주석 처리가 되어 있는 03 라인처럼 기술해도 됩니다.

history.go( ) 메소드는 음수 인수를 지정하면 이전 페이지로 돌아가고, 양수 인수를 지정하면 다음 페이지로 이동합니다. 또는 정확한 페이지 경로명을 문자열로 기술하여 특정 페이지로 이동시킬 수 있습니다.

location 객체 사용하기

location 객체는 현재의 URL에 대한 정보를 제공합니다.

이 객체는 다음과 같은 프로퍼티와 메소드를 제공합니다.

프로퍼티	기능
hash	URL의 앵커 부분(#)을 설정하거나 반환한다.
host	URL의 호스트 이름과 포트번호를 설정하거나 반환한다.
hostname	URL의 호스트 이름을 설정하거나 반환한다.
href	완전한 URL을 설정하거나 반환한다.
origin	URL의 프로토콜, 호스트 이름, 포트 번호를 반환한다.
pathname	URL의 경로명을 설정하거나 반환한다.
port	URL의 포트번호를 설정하거나 반환한다.
protocol	URL의 프로토콜을 설정하거나 반환한다.
search	URL의 쿼리(query) 문자열을 설정하거나 반환한다.

메소드	기능
assign( )	새로운 문서를 로딩한다.
reload( )	현재 문서를 다시 로딩한다.
replace( )	현재 문서를 새 문서로 대체한다.

다음의 소스 코드는 href와 protocol 프로퍼티를 사용하여 현재 페이지에 대한 정보를 알림 상자에 출력합니다.

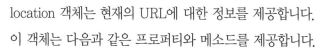

▶ ja07_19.html

```
<!DOCTYPE html>
<html>
<body>
<h3>버튼을 클릭하면 2개의 알림 상자에 URL과 프로토콜이 표시됩니다.</h3>
```

```
<button onclick="pageURL()">클릭하세요</button> // 01

<script>

function pageURL(){

  alert("URL : " + location.href); // 02
  alert("프로토콜 : " + location.protocol); // 03

}

</script>
</body>
</html>
```

실행 결과

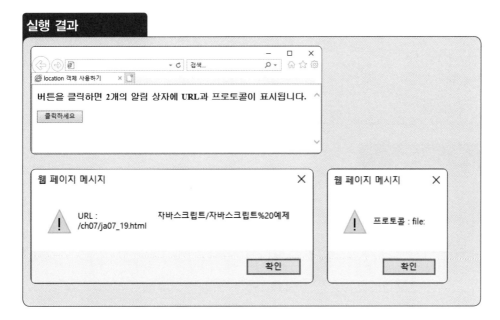

🖳 소스 코드 해설

01: 버튼을 클릭하면 'pageURL( )' 함수가 실행됩니다.

02: 현재 페이지의 완전한 URL을 알림 상자에 표시합니다.

03: 현재 페이지의 프로토콜을 알림 상자에 표시합니다.

다음의 소스 코드는 assign( ) 메소드를 사용하고 있습니다.

▶ ja07_20.html

```
<!DOCTYPE html>
<html>
<body>

<button onclick="assignFunc()">새 문서 로드</button> // 01

<script>

function assignFunc() {
  location.assign("https://blog.naver.com/itkyohak"); // 02
}

</script>
</body>
</html>
```

실행 결과

🔲 소스 코드 해설

01: 버튼을 클릭하면 'assignFunc( )' 함수가 실행됩니다.

02: assign( ) 메소드를 사용하여 itkyohak 블로그 주소를 할당했습니다.

요점 정리

■ BOM은 브라우저 내부에 이미 만들어져 있는 객체입니다.

■ BOM은 6개의 객체 그룹으로 구성되며 이들을 간단히 정리하면 다음과 같습니다.

객체	기능
window	최상위 객체이며, 현재 열려있는 윈도우를 의미한다.
screen	사용자 화면에 관한 정보를 제공한다.
location	현재의 URL에 대한 정보를 제공한다.
history	사용자가 방문했던 URL에 대한 정보를 제공한다.
navigator	브라우저에 대한 정보를 제공한다.
document	웹 문서를 의미한다.

■ window를 제외한 나머지 객체들은 window 객체의 하위 객체입니다.

■ window 객체를 제외한 나머지들의 정식 이름은 window.screen, window.location, window.history, window.navigator, window.document입니다. 이때 window는 생략할 수 있습니다.

■ 이벤트를 사용해서 함수를 실행시킬 수 있습다.

■ 이벤트는 사용자나 시스템에 의해 발생하며 이벤트는 태그 안에 'onxxxx' 형식으로 지정합니다.

■ 이벤트의 종류는 다음과 같습니다.
  • 시스템에 의해 자동 실행되는 이벤트
  • 〈form〉 태그 내에서 발생하는 이벤트
  • 키보드 조작에 의해 발생하는 이벤트
  • 마우스 조작에 의해 발생하는 이벤트

■ BOM 객체가 제공하는 프로퍼티와 메소드를 사용하면 다양한 웹 작업이 가능합니다.

Chapter 8

코딩 첫걸음 시리즈

JavaScript

DOM 사용하기

DOM 개념 잡기

DOM은 'Document Object Model'으로 글자 그대로 해석하면 '문서 객체 모델'이지만 간단히 말하면 DOM은 '객체 덩어리'입니다. 앞에서 BOM은 브라우저 내에 완성된 형태로 존재하는 객체들이라고 배웠습니다. 하지만 DOM은 우리가 웹 문서(Document)를 실행시킬 때마다 계속 새로 만들어지는 객체들입니다.

html 태그와 css를 사용해서 웹 문서를 작성하고 실행시키면 브라우저는 그 문서를 읽은 후 내부적으로 문서의 내용을 작은 객체들로 분해합니다. 웹 문서에 있는 태그, 속성, 프로퍼티, 일반 텍스트 등이 모두 별도의 객체가 되며, 이들을 DOM이라고 합니다. 결국 하나의 웹 문서(html 파일)가 하나의 DOM이 되는 것이다.

BOM과 마찬가지로 DOM에도 다양한 프로퍼티와 메소드가 제공됩니다. 우리는 자바스크립트에서 'document.프로퍼티', 'document.메소드( )' 또는 '요소.프로퍼티', '요소.메소드( )' 형식으로 이 DOM 객체들에 대한 다양한 작업을 할 수 있습니다. 여기서 '요소(Element)'는 웹 문서의 태그(Tag)를 의미합니다. 지금까지 우리가 출력문으로 사용했던 document.write( )가 바로 DOM 메소드 중 하나입니다.

참고하세요

DOM을 '프로그래밍 인터페이스(Programming Interface)'라고 정의하기도 합니다. '프로그래밍 인터페이스'는 프로그램을 작성하는 명령문과 함수의 집합인데, 기능별로 패키지화되어 있어서 프로그래머가 간단히 호출해서 사용할 수 있는 체제를 의미합니다. DOM을 단순한 객체 덩어리라는 관점에서 보는 것이 아니라, DOM에 제공되는 프로퍼티와 메소드까지 포함해서 이야기할 때는 DOM을 '프로그래밍 인터페이스'라고 합니다.

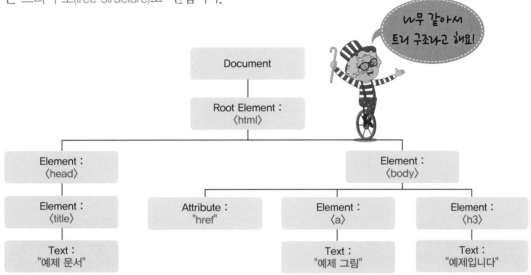

브라우저는 우리가 작성한 웹 문서(document)를 작은 객체들로 분해하되 다음과 같은 트리 구조(tree structure)로 만듭니다.

트리 구조에서는 트리를 구성하는 객체들을 노드(node)라고 합니다. 위의 그림에서 보듯이 웹 문서 내의 요소(Element, 태그), 속성(Attribute), 텍스트(Text) 등의 객체가 모두 하나의 노드가 됩니다. 그리고 이 노드들 사이에는 parent(부모)와 child(자식)이라는 계층 관계가 정의됩니다.

〈title〉 노드의 부모 노드(parent node)는 〈head〉 노드입니다. 따라서, 〈head〉 노드의 자식 노드(child node)는 〈title〉 노드가 됩니다. 또한 하나의 부모 아래 속한 2개의 노드는 서로 형제·자매 노드(sibling node)가 됩니다.
위의 트리 구조에서 〈html〉 노드는 〈head〉와 〈body〉라는 2개의 자식 노드(child node)를 가지고 있습니다. 이 경우 〈head〉 노드의 형제·자매 노드(sibling node)는 〈body〉 노드이고, 〈body〉 노드의 형제·자매 노드(sibling node)는 〈head〉 노드입니다.

문서를 구성하는 각 객체들을 프로그램으로 관리(수정, 삭제, 추가 등)하기 위해서는 이와 같은 트리 구조가 효율적이기 때문에 브라우저는 내부적으로 트리 구조를 유지합니다. 우리는 이런 트리 구조를 기반으로 DOM이 제공하는 프로퍼티와 메소드들을 이용해서 웹 문서에 있는 요소(Element, 태그)들과 속성, CSS 스타일 등을 수정, 삭제, 추가하여 동적인 웹 페이지를 만들 수 있게 됩니다.

DOM에 제공되는 프로퍼티와 메소드는 매우 많습니다. 처음으로 DOM을 배우는 과정에서 이들을 모두 살펴볼 필요는 없습니다. 이 책을 통해 중요한 작업을 위주로 자주 사용되는 프로퍼티와 메소드를 익히고 개념을 잡으면 됩니다. 그 다음에는 여러분 스스로 인터넷 검색을 해가면서 실력을 쌓아가면 됩니다.

학습의 순서상 다음의 메소드와 프로퍼티를 먼저 알아두는 것이 좋습니다.

- document.getElementById(): 웹 문서에서 특정 id가 지정된 첫 번째 요소를 찾는다.
- innerHTML: 요소의 내용을 지정한다.

이들을 이용하는 다음의 소스 코드를 보면 기능을 파악할 수 있을 것입니다. 이 프로그램을 실행시키고, 표시되는 버튼을 클릭하면 기존의 제목이 변경됩니다. 웹 문서의 특정 내용이 동적으로 변하는 것입니다.

▶ ja08_1.html

```html
<!DOCTYPE html>
<html>
<body>

<h1 id="sample">환영합니다!</h1> // 01

<p>버튼을 클릭하면 위의 제목이 바뀝니다.</p>
<button onclick="changeTitle()">클릭하세요</button> // 02

<script>

function changeTitle(){
  var x = document.getElementById("sample"); // 03
  x.innerHTML = "마감시간이 지났습니다."; // 04
}

</script>
</body>
</html>
```

실행 결과

🖳 소스 코드 해설

01: 〈h1〉 태그로 제목을 표시하였으며 이 태그에 id를 지정했습니다.

02: 버튼에 이벤트를 지정했으며 버튼을 클릭하면 changeTitle( ) 함수가 실행됩니다.

03: document는 현재의 문서 객체를 의미하며 메소드인 getElementById("sample") 는 id가(ById) 'sample'인 요소(Element)를 가져옵니다(get). 따라서 이 라인은 현재 문서에서 id가 'sample'인 태그를 가져와 x 변수에 저장합니다. x 변수에는 〈h1〉 태그가 저장됩니다.

04: innerHTML은 요소(태그)의 내용을 지정하는 프로퍼티입니다. 따라서 이 라인은 〈h1〉 태그의 내용을 '마감시간이 지났습니다.'로 수정합니다.

03 라인과 04 라인을 합쳐서 다음과 같이 1개 라인에 기술해도 됩니다.

```
function changeTitle(){
    document.getElementById("sample").innerHTML = "마감시간이 지났습니
다.";
}
```

여기서 보았듯이 document.getElementById( ) 메소드를 사용하면 요소에 지정된 id를 키로 삼아 특정 요소를 찾을 수 있습니다. id 이외도 태그 이름, 클래스 이름, CSS 선택자 등을 사용하여 특정 요소를 찾을 수 있습니다.

id로 요소 찾기

앞서 보았듯이 id로 요소를 찾기 위해서는 document.getElementById( ) 메소드를 사용합니다. 다음의 소스 코드는 document.getElementById( ) 메소드와 innerHTML 프로퍼티를 사용하여 요소의 내용을 그대로 복사합니다.

▶ ja08_2.html

```
<!DOCTYPE html>
<html>
<body>

<h1 id="sample">환영합니다!</h1>

<p>버튼을 클릭하면 버튼 아래에 문장이 표시됩니다.</p>
<button onclick="copyPara()">클릭하세요</button> // 01

<p id="here"></p>

<script>

function copyPara(){
  var x = document.getElementById("sample").innerHTML; // 02
  document.getElementById("here").innerHTML = x; // 03
}

</script>
</body>
</html>
```

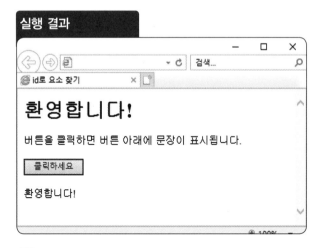

실행 결과

환영합니다!

버튼을 클릭하면 버튼 아래에 문장이 표시됩니다.

클릭하세요

환영합니다!

🖳 소스 코드 해설

01: 버튼을 표시합니다. 이 버튼을 클릭하면 copyPara( ) 함수가 실행됩니다.

02: 'sample'이라는 id가 지정된 요소(태그)를 찾아서 그 요소의 내용을 변수 x에 저장합니다. 만일 해당 id가 지정된 요소가 없는 경우 변수 x에는 null이 저장되며, 동일한 id가 지정된 요소가 여러 개이면 첫번째 요소만 처리합니다.

03: 변수 x의 값(내용)을 'here'라는 id가 지정된 요소의 내용으로 지정합니다.

> **참고하세요**
>
> null은 아무 것도 없음(nothing)을 의미하는 값으로 이 값의 타입은 객체입니다. 공백을 의미하는 ' '은 공백이라는 하나의 문자열이기 때문에 null과는 의미가 다릅니다. 공백과 null은 시각적으로 아무 것도 보이지 않는다는 점에서는 같습니다. 그러나 공백은 '공백 문자열이 존재'하는 것이며, null은 '아무 것도 없음'을 의미하는 차이가 있습니다.

id로 요소 찾아 스타일 변경하기

style 프로퍼티를 사용하면 동적으로 디자인을 변경할 수 있습니다. 다음의 소스 코드는 버튼을 클릭하면 제목의 색이 변경됩니다.

▶ ja08_3.html

```
<!DOCTYPE html>
<html>
<body>

<h1 id="sample">환영합니다!</h1>

<p>버튼을 클릭하면 위의 제목의 색이 바뀝니다.</p>
<button onclick="changeTitle()">클릭하세요</button> // 01

<script>

function changeTitle() {
  var x = document.getElementById("sample"); // 02
  x.style.color = "blue"; // 03
}

</script>
</body>
</html>
```

실행 결과

🖥 소스 코드 해설

01: 버튼을 표시합니다. 이 버튼을 클릭하면 changeTitle( ) 함수가 실행됩니다.

02: 'sample'이라는 id가 지정된 요소(태그)를 찾아서 그 요소의 내용을 변수 x에 저장합니다.

03: style 프로퍼티는 'style.css프로퍼티' 형식으로 사용하며 해당 요소의 스타일을 지정합니다. 여기서는 색을 blue로 지정합니다.

태그 이름으로 요소 찾기

웹 문서에서 태그 이름으로 요소를 찾을 수 있으며 이 경우 찾아진 요소는 배열로 반환됩니다. 다음의 소스 코드는 getElementsByTagName( ) 메소드를 사용하여 태그 이름으로 요소를 찾아 그 요소의 내용을 출력합니다.

▶ ja08_4.html

```
<!DOCTYPE html>
<html>
<body>

<h3>환영합니다!</h3> // 01
<h3>어서오세요!</h3>
<h3>반갑습니다!</h3> // 02

<p id="here"></p> // 03

<script>

var x = document.getElementsByTagName("h3"); // 04
document.getElementById("here").innerHTML =
"첫번째 제목 : " + x[0].innerHTML; // 05

</script>
</body>
</html>
```

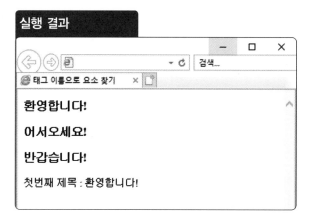

실행 결과

환영합니다!

어서오세요!

반갑습니다!

첫번째 제목 : 환영합니다!

🖳 소스 코드 해설

01-02: 3개의 요소가 모두 동일한 〈h3〉입니다.

03: 〈p〉 태그는 내용이 없는 빈 태그이며 id는 'here'입니다.

04: 태그 이름이 'h3'인 요소들을 찾아 배열 x에 저장합니다. 태그 이름으로 요소를 찾을 때는 문서 내에 동일한 태그가 여러 개 있을 수 있으므로 배열에 저장됩니다.

05: 'here'라는 id를 가진 요소의 내용을 지정합니다. x가 배열이기 때문에 인덱스를 사용하여 x 배열 내의 첫 번째 내용(인덱스 0)을 요소의 내용으로 지정합니다. x[0] 대신 x[1], x[2]를 사용할 수 있습니다.

태그 이름으로 특정 범위 내의 요소 찾기

다음의 소스 코드는 태그 이름으로 요소를 찾되, 문서 전체가 아니라 〈div〉 영역 내에서만 요소를 찾는 경우를 보여줍니다.

▶ ja08_5.html

```
<!DOCTYPE html>
<html>
```

```
<body>

<h3>환영합니다!</h3> // 01

<div id="greeting"> // 02
   <h3>어서오세요!</h3>
   <h3>반갑습니다!</h3>
</div> // 03

<p id="here"></p> // 04

<script>

var x = document.getElementById("greeting"); // 05
var y = x.getElementsByTagName("h3"); // 06

document.getElementById("here").innerHTML =
"greeting 내의 첫번째 제목 : " + y[0].innerHTML; // 07

</script>
</body>
</html>
```

실행 결과

환영합니다!

어서오세요!

반갑습니다!

greeting 내의 첫번째 제목 : 어서오세요!

🔲 소스 코드 해설

01: ⟨h3⟩ 태그로 내용을 정의합니다. ⟨div⟩ 태그 외부에 정의되었습니다.

02-03: id가 'greeting'인 ⟨div⟩ 태그 내에 ⟨h3⟩ 태그를 사용하여 2개의 내용을 정의합니다.

04: 내용이 없는 ⟨p⟩ 태그이며 id가 'here'입니다.

05: id가 'greeting'인 요소를 문서에서 찾아 변수 x에 저장합니다. 변수 x에는 ⟨div⟩가 저장됩니다.

06: 변수 x에 저장된 요소에서 태그 이름이 'h3'인 요소들을 배열 y에 저장합니다.

07: 배열 y에 저장된 첫 번째 요소(인덱스 0)의 내용을 id가 'here'인 요소의 내용으로 지정합니다.

태그 이름으로 복수 요소의 스타일 변경하기

다음의 소스 코드는 버튼을 클릭하면 여러 개의 동일한 요소들의 배경색을 변경합니다. getElementsByTagName( ) 메소드 외에 length와 style 프로퍼티를 사용하고 있습니다.

▶ ja08_6.html

```html
<!DOCTYPE html>
<html>
<body>

<h3>환영합니다!</h3>
<h3>어서오세요!</h3>
<h3>반갑습니다!</h3>
```

```
<button onclick="changeFunc()">클릭하세요</button> // 01

<script>

function changeFunc(){

  var x = document.getElementsByTagName("h3"); // 02
  var i;

  for (i = 0; i < x.length; i++) { // 03
    x[i].style.backgroundColor = "yellow"; // 04
  }

}

</script>
</body>
</html>
```

실행 결과

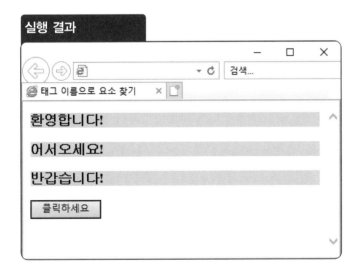

소스 코드 해설

01: 버튼을 표시하며, 버튼을 클릭하면 changeFunc( ) 함수를 실행합니다.

02: 문서에서 태그 이름이 'h3'인 요소들을 찾아 배열 x에 저장합니다.

03: 배열의 크기만큼 반복합니다. 배열의 크기 값을 가지고 있는 length 프로퍼티를 사용하고 있습니다. 이 문서에 'h3' 요소가 3개 있기 때문에 length 값은 3이며, 따라서 반복문의 i 변수는 0, 1, 2로 변경됩니다.

04: style 프로퍼티를 이용하여 배경색을 노란색(yellow)으로 지정합니다.

클래스 이름으로 요소 찾기

앞서 우리는 id나 태그 이름으로 요소를 찾아 작업하는 경우를 보았습니다. 여기서는 getElementsByClassName( ) 메소드를 사용해서 클래스 이름으로 요소를 찾아봅니다. 클래스 이름으로 요소를 찾으면 태그 이름의 경우와 마찬가지로 찾아진 요소는 배열로 반환됩니다.

다음의 소스 코드는 'ja08_6.html'과 동일하게 버튼을 클릭하면 3개의 'h3' 요소에 배경색이 변경됩니다.

▶ ja08_7.html

```
<!DOCTYPE html>
<html>
<body>

<h3 class="greeting">환영합니다!</h3> // 01
<h3 class="greeting">어서오세요!</h3>
<h3 class="greeting">반갑습니다!</h3> // 02

<button onclick="changeFunc()">클릭하세요</button>

<script>

function changeFunc(){

  var x = document.getElementsByClassName("greeting"); // 03
  var i;
```

```
    for (i = 0; i < x.length; i++) {
        x[i].style.backgroundColor = "yellow";
    }

}

</script>
</body>
</html>
```

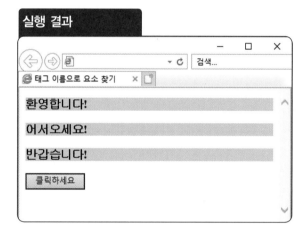

🖳 소스 코드 해설

이 소스 코드는 앞의 'ja08_6.html'과 기능은 동일하나 01-02 라인에서 〈h3〉 태그에
'greeting'이라는 클래스를 부여하고, 03 라인에서 getElementsByClassName( )
메소드를 사용해서 요소를 지정하고 있습니다.

querySelectorAll() 메소드로 요소 찾기

querySelectorAll( ) 메소드를 사용하면 CSS 선택자, 태그 이름, 클래스 이름, id, 속성, 속성 값 등 다양한 기준으로 요소를 찾을 수 있어 편리합니다. 이 메소드도 찾은 요소를 배열로 반환합니다.

다음의 소스 코드를 보겠습니다. 이 소스 코드는 3개의 버튼을 표시하며 버튼을 클릭할 때마다 지정된 요소의 내용에 배경색이 칠해지는데 각각 다른 요소 검색 방법을 사용하고 있습니다.

▶ ja08_8.html

```
<!DOCTYPE html>
<html>
<body>

<h3 class="greeting1">환영합니다!</h3>
<h3 class="greeting2">어서오세요!</h3>
<p>반갑습니다!</p>
<b>안녕하세요!</b>

<br><br>

<button onclick="changeFunc1()">1번 버튼</button>
<button onclick="changeFunc2()">2번 버튼</button>
<button onclick="changeFunc3()">3번 버튼</button>

<script>
```

```
function changeFunc1(){
  var x = document.querySelectorAll("h3.greeting1"); // 01
  var i;
  for (i = 0; i < x.length; i++) {
    x[i].style.backgroundColor = "yellow";
  }
}

function changeFunc2(){
  var x = document.querySelectorAll(".greeting2"); // 02
  var i;
  for (i = 0; i < x.length; i++) {
    x[i].style.backgroundColor = "red";
  }
}

function changeFunc3(){
  var x = document.querySelectorAll("p, b"); // 03
  var i;
  for (i = 0; i < x.length; i++) {
    x[i].style.backgroundColor = "pink";
  }
}

</script>
</body>
</html>
```

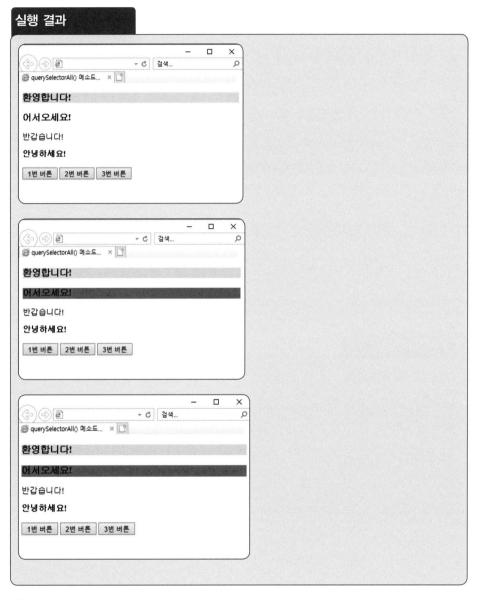

🔲 소스 코드 해설

01: CSS 선택자를 사용하여 요소를 지정하고 있습니다.

02: CSS 선택자를 사용하여 요소를 지정하고 있습니다.

03: 여러 개의 태그 이름을 사용하여 요소를 지정하고 있습니다.

속성 값 변경하기

DOM을 이용하여 속성 값을 변경하기 위해서는 다음과 같이 attribute 프로퍼티를 사용합니다.

```
document.getElementById(id).attribute=새로운 값
```

다음의 소스 코드는 〈img〉 태그의 src 속성 값을 변화시켜 버튼을 클릭하면 새로운 그림을 표시합니다.

▶ ja08_9.html

```
<!DOCTYPE html>
<html>
<body>

<img id="sampleImage" src="teacher1.png"> // 01
<br>
<button onclick="changeImage()">클릭하세요</button> // 02

<script>

function changeImage(){
    document.getElementById("sampleImage").src = "teacher2.
    png"; // 03
}
```

```
</script>
</body>
</html>
```

실행 결과

소스 코드 해설

01: 〈img〉 태그에 'sampleImage'라는 id를 부여했으며 'teacher1.png'라는 그림을 표시합니다.

02: 버튼을 표시하며, 버튼을 클릭하면 'changeImage( )' 함수를 실행합니다.

03: 'img' 요소의 src 속성을 새로운 값으로 수정하여 새로운 그림(teacher2.png)을 표시합니다.

DOM 이벤트 사용하기

지금까지 보았던 이벤트와 조금 다른 형식으로 DOM 메소드와 프로퍼티를 사용하여 이벤트를 실행시킬 수도 있습니다. 다음의 소스 코드는 앞의 'ja08_9.html'과 동일한 기능을 가지나 이벤트 속성에 직접 DOM 메소드와 프로퍼티를 사용하여 이벤트를 실행한다는 점이 다릅니다.

▶ ja08_10.html

```
<!DOCTYPE html>
<html>
<body>

<img id="sampleImage" src="teacher1.png">
<br>
<button onclick='document.getElementById("sampleImage").src =
"teacher2.png"'>클릭하세요</button> // 01

</body>
</html>
```

실행 결과

💾 소스 코드 해설

01: 이전 소스 코드와 달리 별도의 함수를 기술하지 않고 'onclick' 이벤트 속성에
DOM 메소드와 프로퍼티를 직접 기술했습니다.

이벤트에 this 사용하기

이벤트를 기술할 때 해당 요소를 지칭하기 위해서 다음과 같이 'this'를 사용할 수도
있습니다.

▶ ja08_11.html

```
<!DOCTYPE html>
<html>
<body>
```

```
<h1 onclick="this.innerHTML='클릭했군요!!'">여기를 클릭해보세
요!</h1> // 01

</body>
</html>
```

실행 결과

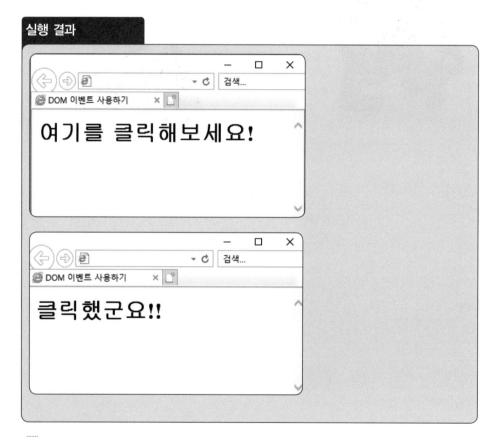

🖥 소스 코드 해설

01: this.innerHTML에서 'this'는 '이 요소의…'라는 의미입니다. 따라서 여기서
'this'는 〈h1〉 태그를 의미하며 텍스트를 클릭하면 innerHTML 프로퍼티에 지정한
내용('클릭했군요!!')으로 변합니다.

또한 this를 다음과 같이 사용할 수도 있습니다.

▶ ja08_12.html

```
<!DOCTYPE html>
<html>
<body>

<h1 onclick="changeText(this)">여기를 클릭해보세요!</h1> // 01

<script>
function changeText(id) {
  id.innerHTML = "클릭했군요!"; // 02
}
</script>

</body>
</html>
```

실행 결과

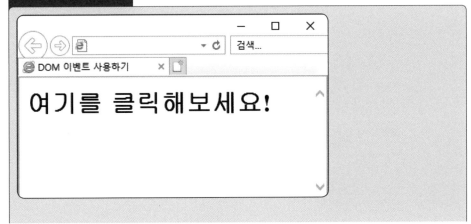

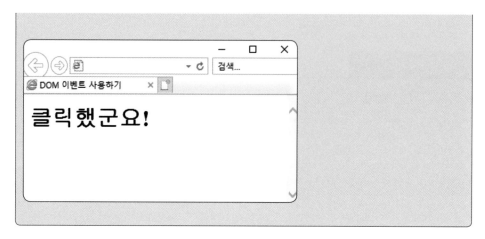

소스 코드 해설

01: 이벤트 함수를 호출하면서 인수에 'this'를 지정했습니다. this는 'h1' 요소를 의미합니다.

02: 함수에서는 id라는 변수로 'h1' 요소를 받아서 innerHTML 프로퍼티를 지정했습니다. 따라서 'h1' 요소의 내용이 변합니다.

DOM으로 이벤트 할당하기

기존에 지정되어 있지 않은 이벤트를 동적으로 추가할 수 있습니다. 다음의 소스 코드는 이벤트가 지정되지 않은 버튼에 DOM을 사용하여 이벤트를 추가하는 방법을 보여줍니다.

▶ ja08_13.html

```
<!DOCTYPE html>
<html>
<body>

<p>버튼을 클릭하면 메시지가 표시됩니다.</p>

<button id="btn">클릭하세요</button> // 01

<p id="here"></p>

<script>
document.getElementById("btn").onclick = msgFunc; // 02

function msgFunc() {
  document.getElementById("here").innerHTML = "버튼을 클릭했습
  니다!"; // 03
}
</script>

</body>
</html>
```

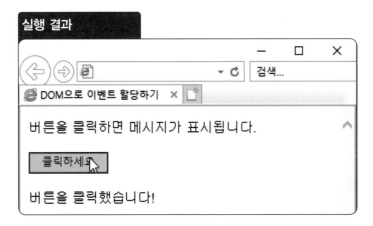

실행 결과

DOM으로 이벤트 할당하기

버튼을 클릭하면 메시지가 표시됩니다.

클릭하세요

버튼을 클릭했습니다!

🖳 소스 코드 해설

01: 버튼을 표시합니다. 〈button〉 태그의 id는 'btn'이며, 이벤트는 지정되지 않았습니다.

02: id로 'button' 요소를 찾은 후 onclick 프로퍼티로 msgFunc( ) 함수를 지정했습니다. 이렇게 하면 'button' 요소에 onclick 이벤트가 지정됩니다.

03: 따라서 버튼을 클릭하면 msgFunc( ) 함수가 실행되어 'p' 요소의 내용에 '버튼을 클릭했습니다!'라는 메시지가 지정됩니다.

DOM 노드의 계층 구조 살펴보기

앞서 잠깐 언급했듯이 브라우저는 우리가 작성한 웹 문서를 작은 객체들로 분해하여 트리 구조로 만들며 트리 구조에서는 트리를 구성하는 각 객체들을 노드(node)라고 합니다. 그리고 이 노드들 사이에는 parent(부모)와 child(자식)이라는 계층 관계가 정의됩니다.

우리는 DOM이 제공하는 메소드와 프로퍼티를 사용하여 이 트리 구조를 돌아다니며 각 위치의 노드들을 찾아서 작업을 하게 됩니다. 이러한 트리 탐색 작업을 위해 자바 스크립트는 다음과 같이 노드 간의 관계에 대한 정의를 사용합니다.

- parentNode
- childNodes[nodenumber]
- firstChild
- lastChild
- nextSibling
- previousSibling

다음의 그림을 보면서 노드들의 관계를 살펴봅시다.

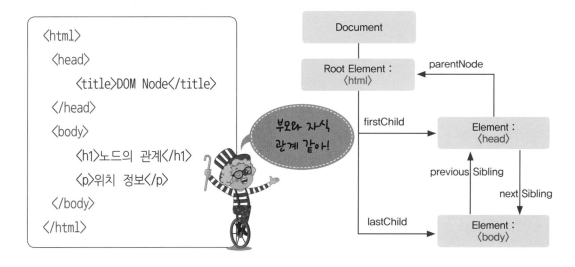

이런 DOM 트리 구조의 특징을 정리하면 다음과 같다.

- 문서 전체는 Document 노드이다.
- HTML 노드 중에서 최상위의 노드를 루트(root) 또는 루트 노드라고 한다.
- 루트를 제외한 모든 노드는 1개의 부모(parent) 노드를 가진다.
- 부모 노드는 여러 개의 자식 노드를 가질 수 있다.
- 자식 노드는 firstChild, lastChild로 구분할 수 있다.
- 형제자매(sibling) 노드는 동일한 부모를 가진 노드들이다.
- 형제자매 노드는 previousSibling, nextSibling으로 구분할 수 있다.

새로운 노드 만들고 추가하기

새로운 요소를 만들어 기존의 웹 문서에 추가하는 방법을 알아보겠습니다. 이 작업을 위해서는 다음과 같은 3개의 메소드를 사용해야 합니다.

- document.createElement(노드이름) : 요소 노드(태그)를 만든다.
- document.createTextNode(텍스트): 텍스트 노드를 만든다.
- node.appendChild(노드) : 새로운 노드를 기존 노드 아래에 자식 노드로 추가한다.

다음의 소스 코드는 새로운 버튼을 웹 문서에 추가합니다. 기존의 버튼을 클릭하면 옆에 새로운 버튼이 표시됩니다.

▶ ja08_14.html

```
<!DOCTYPE html>
<html>
<body>

<h3>버튼을 클릭하면 새 버튼이 추가됩니다.</h3>

<button onclick="btnFunc()">클릭하세요</button>

<script>
function btnFunc() {

  var newNode = document.createElement("button"); // 01
  var textNode = document.createTextNode("새 버튼입니다"); // 02
  newNode.appendChild(textNode); // 03
```

```
    document.body.appendChild(newNode); // 04

}
</script>

</body>
</html>
```

실행 결과

```
                                                    _  □  ×
  ←  →  📄                            ▼  ↻  │ 검색...        │ 🔍 ▼
  📄 새로운 노드 만들고 추가하  ×  📄
  버튼을 클릭하면 새 버튼이 추가됩니다.                          ∧
   ┌─────────┐ ┌──────────────┐
   │ 클릭하세요 │ │  새 버튼입니다  │
   └─────────┘ └──────────────┘
```

📟 소스 코드 해설

01: ⟨button⟩ 태그를 만들어 newNode 변수에 저장합니다.

02: '새 버튼입니다'라는 텍스트를 만들어 textNode 변수에 저장합니다. 이 텍스트는
버튼 위에 표시되는 글자로 사용됩니다.

03: textNode를 newNode의 자식(하위) 노드로 추가합니다. 이렇게 해야 글자가 있
는 버튼이 완성됩니다.

04: newNode를 문서의 body 섹션에 자식 노드로 추가합니다. 그러면 body 섹션의
제일 뒤에 새로운 노드가 추가됩니다.

참고하세요

앞의 소스 코드에서 사용된 'document.body'에서 '.body'는 document 내의 body 요소를
반환하는 프로퍼티입니다. 따라서 앞의 04 라인은 body 프로퍼티에 의해 body 요소를 얻은
후, 거기에 newNode를 자식 노드로 추가하는 것입니다.

'document.body'와 같은 형식으로 접근 가능한 객체는 다음과 같습니다.

- document.anchors
- document.body
- document.documentElement
- document.embeds
- document.forms
- document.head
- document.images
- document.links
- document.scripts
- document.title

한 가지 예를 더 보겠습니다. 다음의 소스 코드는 버튼을 클릭하면 특정 영역에 문장
이 추가됩니다.

▶ ja08_15.html

```
<!DOCTYPE html>
<html>
<head>

<style>
#samDiv {
    border: 4px solid red;
    margin-bottom: 10px;
}
</style>

</head>
<body>
```

```
<h3>버튼을 클릭하면 아래 영역에 문장이 추가됩니다.</p>

<div id="samDiv"> // 01
  <p>기존의 문장입니다.</p>
</div>

<button onclick="btnFunc()">클릭하세요</button>

<script>
function btnFunc() {
  var newNode = document.createElement("p"); // 02
  var textNode = document.createTextNode("추가된 문장입니다.");
  // 03
  newNode.appendChild(textNode); // 04
  document.getElementById("samDiv").appendChild(newNode); //
  05
}
</script>

</body>
</html>
```

실행 결과

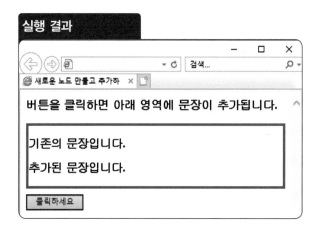

◾ 소스 코드 해설

01: 'samDiv'라는 id가 부여된 〈div〉 영역입니다.

02: 'p' 요소를 만들어(〈p〉 태그를 만들어) newNode 변수에 저장합니다.

03: 텍스트를 만들어 textNode 변수에 저장합니다.

04: 텍스트를 newNode 객체의 자식 노드로 추가합니다.

05: id가 'samDiv'인 요소를 찾아 newNode를 자식 노드로 추가합니다.

요소 삽입하기

기존의 웹 문서에 새로운 태그를 삽입할 수 있습니다. 즉, 기존의 DOM에 새로운 노드를 삽입할 수 있다는 것입니다. 노드를 삽입하려면 다음과 같은 형식으로 insertBefore( ) 메소드를 사용하면 됩니다.

노드.insertBefore(새노드, 기준노드)

다음의 소스 코드는 목록(list)을 표시하며, 버튼을 클릭하면 목록에 항목이 추가됩니다.

▶ ja08_16.html

```
<!DOCTYPE html>
<html>
<body>

<ul id="deviceList"><li>스마트폰</li><li>태블릿</li></ul> // 01

<h3>버튼을 클릭하면 항목이 삽입됩니다.</h3>

<button onclick="btnFunc()">클릭하세요</button>

<script>
function btnFunc() {
  var newNode = document.createElement("LI"); // 02
  var textNode = document.createTextNode("웨어러블워치"); // 03
  newNode.appendChild(textNode); // 04
```

```
    var listNode = document.getElementById("deviceList"); // 05
    listNode.insertBefore(newNode, listNode.childNodes[2]); // 06
}
</script>

</body>
</html>
```

실행 결과

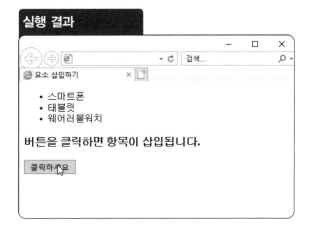

참고하세요

DOM을 사용할 때 목록은 이런 식으로 1개 라인에 연속적으로 기술해야 합니다. 목록임을 표시하기 위해 아래로 계층적으로 기술하면 옆의 빈 공간도 노드로 생성되어 오동작이 발생합니다.

소스 코드 해설

01: 순서 없는(unordered) 목록을 정의하고 있습니다. 'deviceList'라는 id가 지정되어 있습니다.

02: 'LI' 요소를 만들어 newNode 변수에 저장합니다.

03: 텍스트를 만들어 textNode 변수에 저장합니다.

04: textNode를 newNode의 자식 노드로 추가합니다.

05: id가 'deviceList'인 요소를 찾아 listNode 변수에 저장합니다.

06: listNode의 인덱스 2의 자식 노드 앞에 newNode를 삽입합니다.

요소 삭제하기

웹 문서에서 기존의 요소를 삭제할 수 있으며, 이 경우 다음과 같은 형식으로 removeChild( ) 메소드를 사용해야 합니다.

노드.removeChild(노드)

다음의 소스 코드는 목록을 표시하며, 버튼을 클릭하면 목록의 항목 중 하나를 삭제합니다.

▶ ja08_17.html

```html
<!DOCTYPE html>
<html>
<body>

<ul id="deviceList"><li>스마트폰</li><li>태블릿</li><li>웨어러
블워치</li></ul> // 01

<h3>버튼을 클릭하면 항목이 삭제됩니다.</h3>

<button onclick="btnFunc()">클릭하세요</button>

<script>
function btnFunc(){
    var listNode = document.getElementById("deviceList"); // 02
    listNode.removeChild(listNode.childNodes[0]); // 03
}
```

```
</script>

</body>
</html>
```

실행 결과

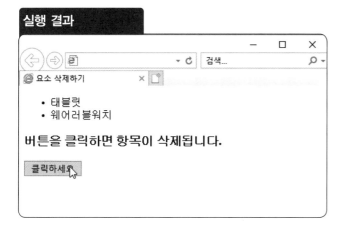

소스 코드 해설

01: 순서 없는(unordered) 목록을 정의하고 있습니다. 'deviceList'라는 id가 지정되어 있습니다.

02: id가 'deviceList'인 요소를 찾아 listNode 변수에 저장합니다.

03: listNode 내의 첫 번째(인덱스 0) 노드를 삭제합니다.

요소 바꾸기

웹 문서에서 기존의 요소를 다른 요소로 변경할 수 있으며, 이 경우 다음과 같은 형식으로 replaceChild( ) 메소드를 사용해야 합니다.

```
노드.replaceChild(새로운 노드, 기존 노드)
```

다음의 소스 코드는 목록을 표시하며, 버튼을 클릭하면 목록의 항목 중 하나를 다른 내용으로 변경합니다.

▶ ja08_18.html

```html
<!DOCTYPE html>
<html>
<body>

<ul id="deviceList"><li>스마트폰</li><li>태블릿</li><li>웨어러
블워치</li></ul> // 01

<h3>버튼을 클릭하면 항목이 변경됩니다.</h3>

<button onclick="btnFunc()">클릭하세요</button>

<script>
function btnFunc(){
    var newNode = document.createElement("li"); // 02
    var textNode = document.createTextNode("전자책리더기"); // 03
    newNode.appendChild(textNode); // 04
    var listNode = document.getElementById("deviceList"); // 05
    listNode.replaceChild(newNode, listNode.childNodes[1]); // 06
```

```
    }
  </script>

  </body>
</html>
```

실행 결과

소스 코드 해설

01: 순서 없는(unordered) 목록을 정의하고 있습니다. 'deviceList'라는 id가 지정되어 있습니다.

02: 'li' 요소를 만들어 newNode 변수에 저장합니다.

03: 텍스트를 만들어 textNode 변수에 저장합니다.

04: textNode를 newNode의 자식 노드로 추가합니다.

05: id가 'deviceList'인 요소를 찾아 listNode 변수에 저장합니다.

06: listNode에서 인덱스 1인 자식 노드를 newNode로 변경합니다.

자식 노드 찾기

DOM 트리에서 특정 노드의 자식 노드를 찾기 위해서는 childNodes 프로퍼티를 사용합니다. 다음의 소스 코드는 childNodes 프로퍼티의 사용 예를 보여줍니다.

▶ ja08_19.html

```
<!DOCTYPE html>
<html>
<body>

<h3>버튼을 클릭하면 드롭박스의 크기와 자식 노드가 표시됩니다.</h3>

<select id="selectList" size="4"><option>빨간 사과</
option><option>노란 바나나</option><option>블루베리</
option><option>청포도</option></select><br><br> // 01

<button onclick="selectFunc()">클릭하세요</button>

<p id="here1"></p>
<p id="here2"></p>

<script>
function selectFunc(){
  var c = document.getElementById("selectList").childNodes;
  // 02
  document.getElementById("here1").innerHTML = c.length; // 03
  document.getElementById("here2").innerHTML = c[1].text; // 04
}
```

```
</script>

</body>
</html>
```

실행 결과

버튼을 클릭하면 드롭박스의 크기와 자식 노드가 표시됩니다.

```
빨간 사과
노란 바나나
블루베리
청포도
```

클릭하세요

4

노란 바나나

소스 코드 해설

01: 드롭박스를 정의합니다. id는 'selectList'입니다.

02: 드롭박스의 자식 노드들을 배열 c에 저장합니다.

03: 배열의 크기(자식 노드의 개수)를 id가 'here1'인 노드의 내용으로 지정합니다.

04: 두 번째(인덱스 1) 노드의 텍스트를 id가 'here2'인 노드의 내용으로 지정합니다.

모든 자식 노드 찾기

DOM 트리에서 특정 노드의 모든 자식 노드를 찾기 위해서는 children 프로퍼티를 사용합니다. 다음의 소스 코드는 children 프로퍼티의 사용 예를 보여줍니다.

▶ ja08_20.html

```html
<!DOCTYPE html>
<html>
<body>

<h3>버튼을 클릭하면 body 노드의 모든 자식 노드가 표시됩니다.</h3>

<select id="selectList" size="4"><option>빨간 사과</
option><option>노란 바나나</option><option>블루베리</
option><option>청포도</option></select><br><br> // 01

<button onclick="childrenFunc()">클릭하세요</button>

<p id="here"></p>

<script>
function childrenFunc() {

  var c = document.body.children; // 02
  var txt = "";
  var i;
  for (i = 0; i < c.length; i++) { // 03
    txt = txt + c[i].tagName + "<br>"; // 04
```

```
    }
    document.getElementById("here").innerHTML = txt; // 05
}
</script>

</body>
</html>
```

실행 결과

버튼을 클릭하면 **body** 노드의 모든 자식 노드가 표시됩니다.

빨간 사과
노란 바나나
블루베리
청포도

[클릭하세요]

H3
SELECT
BR
BR
BUTTON
P
SCRIPT

🖳 소스 코드 해설

01: 드롭박스를 정의하며 id는 'selectList'입니다.

02: body 노드 아래의 모든 자식 노드를 배열 c에 저장합니다.

03: 배열의 크기(자식의 개수)만큼 반복합니다.

04: 각 자식의 태그 이름과 〈br〉 태그를 연결합니다.

05: txt 변수의 값을 id가 'here'인 노드의 내용으로 지정합니다.

첫 번째 자식 노드와 마지막 자식 노드 찾기

DOM 트리에서 특정 노드의 첫번째 자식 노드를 찾기 위해서는 firstChild 프로퍼티를 사용하고, 마지막 자식 노드를 찾기 위해서는 lastChild 프로퍼티를 사용합니다. 다음 소스 코드는 firstChild와 lastChild 프로퍼티의 사용 예를 보여줍니다.

▶ ja08_21.html

```
<!DOCTYPE html>
<html>
<body>

<h3>버튼을 클릭하면 드롭박스의 첫번째 자식 노드와 마지막 자식 노드
가 표시됩니다.</h3>

<select id="selectList" size="4"><option>빨간 사과</
option><option>노란 바나나</option><option>블루베리</
option><option>청포도</option></select><br><br> // 01

<button onclick="selectFunc()">클릭하세요</button>

<p id="here1"></p>
<p id="here2"></p>

<script>
function selectFunc(){
  var list = document.getElementById("selectList").
  firstChild.innerHTML; // 02
```

```
    document.getElementById("here1").innerHTML = list; // 03

    list = document.getElementById("selectList").lastChild.
    innerHTML; // 04
    document.getElementById("here2").innerHTML = list; // 05
}
</script>

</body>
</html>
```

실행 결과

버튼을 클릭하면 드롭박스의 첫번째 자식 노드와
마지막 자식 노드가 표시됩니다.

빨간 사과
노란 바나나
블루베리
청포도

클릭하세요

빨간 사과

청포도

📟 소스 코드 해설

01: 드롭박스를 정의합니다. 이때 id는 'selectList'입니다.

02: 드롭박스의 첫 번째 자식 노드의 내용을 변수 list에 할당합니다.

03: 변수 list의 값을 id가 'here1'인 노드의 내용으로 지정합니다.

04: 드롭박스의 마지막 자식 노드의 내용을 변수 list에 할당합니다.

05: 변수 list의 값을 id가 'here2'인 노드의 내용으로 지정합니다.

부모 노드 찾기

DOM 트리에서 특정 노드의 부모 노드를 찾기 위해서는 parentNode 프로퍼티를 사용합니다. 다음의 소스 코드는 parentNode 프로퍼티의 사용 예를 보여줍니다.

▶ ja08_22.html

```
<!DOCTYPE html>
<html>
<body>

<h3>버튼을 클릭하면 드롭박스의 부모 노드가 표시됩니다.</h3>

<select id="selectList" size="4"><option id="item1">빨간 사
과</option><option id="item2">노란 바나나</option><option
id="item3">블루베리</option><option id="item4">청포도</option>
</select><br><br> // 01

<button onclick="selectFunc()">클릭하세요</button>

<p id="here"></p>

<script>
function selectFunc(){
  var x = document.getElementById("selectList").parentNode.
  nodeName; // 02
  document.getElementById("here").innerHTML = x; // 03
}
```

```
</script>

</body>
</html>
```

실행 결과

버튼을 클릭하면 드롭박스의 부모 노드가 표시됩니다.

빨간 사과
노란 바나나
블루베리
청포도

[클릭하세요]

BODY

소스 코드 해설

01: 드롭박스를 정의합니다. id는 'selectList'입니다.

02: 드롭박스의 부모 노드의 이름을 변수 x에 할당합니다.

03: 변수 x의 값을 id가 'here'인 노드의 내용으로 지정합니다.

참고하세요

노드에 tagName과 nodeName 프로퍼티를 사용할 수 있습니다. 앞의 코드에서는 nodeName 프로퍼티를 tagName으로 수정해도 됩니다. tagName은 노드가 반드시 태그일 때만 사용합니다. 그러나 nodeName은 노드가 태그가 아닌 속성 등 다른 형식이어도 사용이 가능합니다.

다음 노드와 이전 노드 찾기

DOM 트리에서 특정 노드의 다음 노드를 찾기 위해서는 nextSibling 프로퍼티를 사용하고, 이전 노드를 찾기 위해서는 previousSibling 프로퍼티를 사용합니다. 다음의 소스 코드는 이 프로퍼티들의 사용 예를 보여줍니다.

▶ ja08_23.html

```html
<!DOCTYPE html>
<html>
<body>

<h3>버튼을 클릭하면 다음 노드와 이전 노드가 표시됩니다.</h3>

<select id="selectList" size="4"><option id="item1">빨간 사
과</option><option id="item2">노란 바나나</option><option
id="item3">블루베리</option><option id="item4">청포도</option>
</select><br><br> // 01

<button onclick="selectFunc()">클릭하세요</button>

<p id="here1"></p>
<p id="here2"></p>

<script>
function selectFunc(){
  var x = document.getElementById("item2").nextSibling.
  innerHTML; // 02
  document.getElementById("here1").innerHTML = x; // 03
```

```
    var x = document.getElementById("item2").previousSibling.
    innerHTML; // 04
    document.getElementById("here2").innerHTML = x; // 05
}
</script>

</body>
</html>
```

실행 결과

버튼을 클릭하면 다음 노드와 이전 노드가 표시됩니다.

빨간 사과
노란 바나나
블루베리
청포도

클릭하세요

블루베리

빨간 사과

🖳 소스 코드 해설

01: 드롭박스를 정의하며 드롭박스의 전체 id는 'selectList'이고 각 항목에도 id가 지정되었습니다.

02: 드롭박스 항목 중 id가 'item2'인 항목의 다음 항목의 내용을 변수 x에 저장합니다.

03: 변수 x의 값을 id가 'here1'인 노드의 내용으로 지정합니다.

04: 드롭박스 항목 중 id가 'item2'인 항목의 이전 항목의 내용을 변수 x에 저장합니다.

05: 변수 x의 값을 id가 'here2'인 노드의 내용으로 지정합니다.

요점 정리

- DOM은 'Document Object Model'의 약자이며 웹 문서(Document)를 실행시킬 때마다 계속 새로 만들어지는 객체들입니다.

- 자바스크립트에서 'document.프로퍼티', 'document.메소드( )' 또는 '요소.프로퍼티', '요소.메소드( )' 형식으로 이 DOM 객체들에 대한 다양한 작업을 할 수 있습니다.

- 브라우저는 우리가 작성한 웹 문서(document)를 작은 객체들로 분해하되 트리 구조(tree structure)로 만들며 트리 구조에서는 트리를 구성하는 각 객체들을 노드(node)라고 합니다.

- 노드들 사이에는 parent(부모)와 child(자식), sibling(형제·자매) 등의 관계가 정의됩니다.

- getElementById( ) 메소드는 웹 문서 내에서 특정 id가 지정된 첫 번째 요소를 찾습니다.

- innerHTML 프로퍼티는 요소의 내용을 지정합니다.

- getElementsByTagName( ) 메소드는 태그 이름으로 요소를 찾아 배열로 반환합니다.

- getElementsByClassName( ) 메소드는 클래스 이름으로 요소를 찾아 배열로 반환합니다.

- querySelectorAll( ) 메소드를 사용하면 CSS 선택자, 태그 이름, 클래스 이름, id, 속성, 속성 값 등 다양한 기준으로 요소를 찾을 수 있습니다.

- DOM을 이용하여 속성 값을 변경하기 위해서는 다음과 같이 attribute 프로퍼티를 사용합니다.

```
document.getElementById(id).attribute=새로운 값
```

- DOM 이벤트는 함수를 기술하지 않고 'onclick' 이벤트 속성에 DOM 메소드와 프로퍼티를 직접 기술할 수 있습니다.
- document.createElement(노드이름) 메소드는 새로운 노드를 만듭니다.
- document.createTextNode(텍스트) 메소드는 텍스트 노드를 만듭니다.
- node.appendChild(노드) 메소드는 새로운 노드를 기존 노드 아래에 자식 노드로 추가합니다.
- 노드를 삽입하려면 insertBefore( ) 메소드를 사용합니다.
- 웹 문서에서 기존의 요소를 삭제할 수 있으며, 이 경우 removeChild( ) 메소드를 사용합니다.
- 웹 문서에서 기존의 요소를 다른 요소로 변경할 수 있으며, 이 경우 replaceChild( ) 메소드를 사용합니다.
- DOM 트리에서 특정 노드의 자식 노드를 찾기 위해서는 childNodes 프로퍼티를 사용하다.
- DOM 트리에서 특정 노드의 모든 자식 노드를 찾기 위해서는 children 프로퍼티를 사용합니다.
- DOM 트리에서 특정 노드의 첫 번째 자식 노드를 찾기 위해서는 firstChild 프로퍼티를 사용하고 마지막 자식 노드를 찾기 위해서는 lastChild 프로퍼티를 사용합니다.
- DOM 트리에서 특정 노드의 부모 노드를 찾기 위해서는 parentNode 프로퍼티를 사용합니다.
- DOM 트리에서 특정 노드의 다음 노드를 찾기 위해서는 nextSibling 프로퍼티를 사용하고, 이전 노드를 찾기 위해서는 previousSibling 프로퍼티를 사용합니다.

자바스크립트 기초의 모든것, 웹 코딩 이야기

2018년 7월 20일 초판 1쇄 인쇄
2018년 7월 30일 초판 1쇄 발행

책을 만든 사람들

집필 ㅣ 이용학 황현숙

기획 ㅣ 정보산업부

진행 ㅣ 정보산업부

표지 및 본문 디자인 ㅣ 정보산업부

펴낸곳 ㅣ (주)교학사

펴낸이 ㅣ 양진오

주소 ㅣ (공장) 서울특별시 금천구 가산디지털1로 42(가산동)

   (사무소) 서울특별시 마포구 마포대로14길 4(공덕동)

전화 ㅣ 02-707-5310(편집), 02-839-2505/707-5147(영업)

팩스 ㅣ 02-707-5316(편집), 02-839-2728(영업)

등록 ㅣ 1962년 6월 26일 〈18-7〉

교학사 홈페이지 ㅣ http://www.kyohak.co.kr **블로그 ㅣ** http://blog.naver.com/itkyohak

도서 문의 ㅣ itkyohak@naver.com

Copyright by KYOHAKSA

(주)교학사는 이 책에 대한 독점권을 가지고 있습니다. 따라서 (주)교학사의 서면 동의 없이는 책의 전체 또는 일부를 어떤 형태로도 사용할 수 없습니다. 또한 책에서 인용한 모든 프로그램은 각 개발사와 공급사에 의해 그 권리를 보호 받습니다.